"신유?", "그건, '하나님의 성전'인 우리를, 하나님이 수리하신다는 거야!"

- 원로 이영훈 목사와 대화中에 -

TALK톡 시리즈

# 힐링 TALK
# HEALING 토크

## 중생 성결 신유 재림

삶의 치유와 회복을 위한 **HEALING TALK**

도서출판
JKSC

"너는 배우고 확신한 일에 거하라 (딤후 3:14)"

"네가 올 때에 내가 드로아 가보의 집에 둔 겉옷을 가지고 오고 또 책은 특별히 가
  죽 종이에 쓴 것을 가져오라 (딤후 4:13)"


이 두 말은 바울이 아들로 여겼던 목회자 디모데에게 쓴 두 번째 편지에 나
옵니다. 바울은 지금 순교를 앞두고 투옥되어 있습니다. 그는 곧 죽을 운명입
니다. 그렇다면 이 편지는 바울의 유언입니다. 가장 하고 싶은 말을 편지에 남
긴 것입니다.

그런데 죽음을 앞둔 사람이 하는 말이 고작 "더 배워라, 책을 가져오라!"입니
다. 죽음을 앞에 두고도 바울은 배움을 말합니다. 죽기 전까지 책을 읽겠다고
합니다. 배운 게 많은 사람은 역시 다른가 봅니다.

그러나 예수님을 만난 뒤 자신이 전에 유익하다고 여겼던 모든 것을 배설물
로 여긴(빌 3:7-8) 바울이 단지 공부를 좋아해서 이런 말을 했던 것은 아닐 것
입니다. 바울이 디모데에게 이런 말을 했던 것은 예수 그리스도를 목표로 꾸준
히 성장하는 일이 기독교 신앙임을 알았기 때문입니다(빌3:8-14; 엡 4:13-14). 말
씀을 배우지 않으면 자라지 않습니다. 자라지 않으면 신앙은 흔들리다가 결국
무너집니다. 성도는 예수 그리스도를 목표로 하고 죽을 때까지 성경을 배움으
로써 자라가야 합니다.

죽을 때까지 자라는 사람, 그가 바로 성도입니다. 숨이 멎을 때까지 배우는
일을 멈추지 않는 사람, 이것이 바로 성도의 정체성입니다.

교단 공과는 성도인 우리가 해야 할 일을 돕기 위해 쓰인 책입니다. 우리는 매주 모여 함께 공과를 나눔으로써 죽을 때까지 자랄 수 있습니다. 죽을 때까지 자란다는 것, 얼마나 멋진 일입니까?

이번에 교단 교육국에서 이 멋진 일을 하시라고 사중복음 중 하나인 '신유'를 주제로 교단 공과를 펴냅니다. '신유'라고 하는 다소 고전적인 주제에 접근하여 이를 쉽게 배울 수 있도록 다룬 점이 돋보입니다. 코로나19 펜데믹 이후, 삶의 구조가 크게 달라지고, 곳곳에서 사람들이 무너진 삶의 치유를 원한다는 점에서 시의적절하다고 생각됩니다.

공과의 서두에서 말하고 있는 것처럼 교회 현장에서 이 공과를 잘 활용하여 예수교대한성결교회에 속한 모든 교회가 '치유 공동체'로 전환하기를 바랍니다. 숨이 멎을 만큼 아프고, 고통스러운 현장에 우리 예성 성도들이 치유의 전달자로 서 있기를 바랍니다. 성도 한 사람 한 사람이 우리 삶의 모든 영역을 치유하시는 '신유'의 하나님을 만날 수 있었으면 좋겠습니다.

하나님은 지금도 살아계십니다. 그분이 우리를 고치십니다. 그 일이 지금도 일어나고 있습니다. 여러분을 그 생명의 현장으로 초대합니다!

신현파 목사
예수교대한성결교회 총회장

1. 이 책은 성결교회의 근간인 '4중복음'을 주제로 하는 'Talk(톡)' 중의 첫 번째 책입니다.

2. 'Talk(톡)'은 '수다'와 같은 간단하고 가벼운 말하기부터 '대화, 논의, 상의, (정부·기관 사이의 공식적인) 회담, 협의, 협상'과 같은 진지하고 무거운 말하기 모두를 뜻하는 영어 단어입니다. 이 공과에서 'Talk(톡)'은 '하나님께 듣는 인간 구원이란 위대하고 아름다운 이야기, 구원과 삶을 주제로 하나님과 나누는 따뜻한 이야기'를 뜻합니다.

3. 이번 'Talk(톡)'의 주제는 '중생, 성결, 신유, 재림'으로 된 '4중복음'의 세 번째인 '신유(神癒; Divine Healing)'입니다. 이 책에서는 '치유, 치료'라는 말로도 쓰였습니다.

4. 같은 개념으로 쓰였으나 '신유, 치유, 치료'는 다른 강조점을 지니고 있습니다. 공과 본문은 이 강조점을 반영하여 집필되었습니다.

1) '신유'는 죄로 일그러진 온 세상을 회복하시는 창조주 하나님의 구원 행동을 강조합니다. '신유'는 하나님이 우리에게 선물로 주시는 구원의 한 영역입니다. '신유'는 단순한 병 나음 이상의 사건으로서, 초월적이고 우주적이며 보편적입니다. 오직 창조주 하나님만이 '신유'를 행하십니다. '신유'의 범위는 온 우주를 포함합니다. '신유'는 창조주 하나님과 연결되는 일입니다. 온 우주를 회복하시는 하나님의 구원 행동인 '신유' 안에 우리가 바라는 건강과 각종 병 나음도 들어 있습니다.

2) '치유'는 이 공과에서 가장 많이 쓰인 단어입니다. '치유'는 '신유'란 단어에 비해 교회 밖의 사람들에게도 가장 친숙하게 느껴지는 보편적인 단어입니다. 그래서 이 공과에서는 '치유'란 말을 가장 많이 썼습니다. '치유'는 '신유'를 행하시는 하나님의 은혜 아래 이루어지는 전인(全人) 회복과 전인 회복의 결과인 하나님의 나라(공동체)를 강조합니다. '치유'는 부분적이지 않고, 전체적입니다. '치유'는 개인적인 사건이면서 동시에 공동체적인 사건입니다. '치유'는 망가진 육체 기능의 회복만이 아니라 육체와 정신, 영의 회복과 균형 모두를 포함합니다.

3) '치료'는 '신유'의 가장 소극적이고 좁은 표현입니다. 하나님은 여러 질병에 걸린 인간을 치료하십니다. 하나님은 치료하시는 분입니다.

5. 이 공과를 읽는 사람마다 지금도 인간구원이라는 가슴 따뜻해지는 이야기를 쓰고 계시는 성령님을 만났으면 좋겠습니다. '신유'가 남이 체험한 이야기가 아니라 바로 내가 체험한 이야기가 되고, 우리 교회가 체험한 이야기가 되기를 간절히 소망합니다.

6. 공과는 총 4부 44과로 구성되었습니다.

| 1부 | 1-2과 | 치유 공동체로의 부르심 |
|-----|-------|----------------------|
| 2부 | 3-21과 | 치유 Talk |
| 3부 | 22-32과 | 불안 극복 Talk |
| 4부 | 33-45과 | 우울 극복 Talk |

7. 공과는 총 44과입니다. 소모임 진행이 어려운 시간인 여름 한 달과 겨울 한 달(8주)을 빼고 진행하면 1년 52주가 채워지도록 구성하였습니다. 각 교회의 형편에 맞게 각 과를 넣고 빼서 44과를 진행하시면 됩니다.

## 공과 집필 의도

### 1. 지금 이 세상은 하나님이 주시는 '신유'의 은혜가 필요하다

현대란 시간대에 접어들어 과학과 의학이 크게 발달하면서 인류는 눈에 보이는 많은 질병을 극복하였습니다. 그러나 인류는 아직도 모든 질병의 원인인 '죄'라고 하는 치명적인 고질병과 눈에 보이지 않는 여러 질병은 극복하지 못하고 있습니다. 두려움, 불안, 우울 같은 것들입니다. 이런 질병들은 과학과 문명이 발전하면서 더욱 인간 안으로 파고들어 인간의 실존을 위협하고 있습니다. 지금 인류는 역사 이래 가장 물질적으로 풍요로운 순간을 지나고 있으면서도, 가장 외롭고 불안하며 두려운 시간을 보내고 있습니다. 지금 인간에게는 우리 삶의 전부와 나란 존재의 전체를 치유하시는 하나님의 은혜가 필요합니다.

이 공과가 '신유'를 다루면서 불안, 우울과 같은 것들의 치유를 집중적으로 다루는 것은 바로 이런 이유 때문입니다. 이 책은 현대의 의학이나 심리학, 생명과학이 본질적으로는 다룰 수 없는 인간의 깊은 치유를 다루고 있습니다. 우리는 지금도 회복을 갈망하는 우리에게 '신유'의 은혜가 부어지고, '신유'의 역사가 일어날 것을 확신합니다. '신유'는 지금 우리에게 일어나는 치유 이야기입니다.

### 2. '치유 공동체'로의 부르심

하나님께서 이 땅에 '신유'를 행하시는 일에 하나님의 손에 들릴 도구가 바로 교회입니다. 하나님은 죄라고 하는 고질병과 거기서 비롯된 많은 질병을 고치시는 일에 예수 그리스도를 머리로 하는 거룩한 몸인 교회를 쓰시기를 원합니다.

이제 교회는 내가 원하는 복을 빌고, 이를 성취하는 종교모임을 넘어 이 세상에 하나님의 '신유'를 드러내는 '치유 공동체'가 되어야 합니다. 교회인 우리는 무너진 모든 관계와 상처, 고통 안에 하나님의 치유를 드러낼 거룩한 존재로 불렀습니다. 치유 공동체인 교회는 '신유'가 한 개인의 회복에 관한 이야기만이 아니라, 나와 너 그리고 우리의 회복에 관한 이야기라는 것을 말하는 모임이 되어야 합니다. 지금은 교회가 '치유 공동체'로 전환해야 하는 시기입니다.

예수교대한성결교회 성도들이 이 공과를 나누며 사중복음의 하나인 '신유'에 관해 알아가기를 바랍니다. 자기의 일상과 교회에서 '신유'를 체험하기를 간절히 소망합니다. 더 나아가 죄로 신음하는 이 세상에 하나님의 치유를 전파하는 '치유 공동체'가 되기를 기도합니다.

## 공과 사용 방법

① 약속된 시간, 장소에 모여 간단하게 인사한 뒤, 뜨겁게 찬양합니다.

② 돌아가면서 공과에 나온 질문에 짧게 답합니다.
   그러면서 공과의 진행 방향과 주제를 가늠합니다.

③ 성경 본문을 읽습니다.

④ 공과 본문을 읽어가며, 해당과의 주제를 나눕니다.

⑤ 다음 순서대로 자기 생각을 발표합니다.
   1) 공과를 나누며 새롭게 알게 된 것
   2) 공과를 나누며 느낀 점
   3) 내 삶에 적용할 것(1가지만)

⑥ 합심으로 기도합니다.

⑦ 마침

# Contents

추천사                                    · 02

이렇게 사용하세요                          · 04
　_ 공과 소개
　_ 공과 집필 의도
　_ 공과 사용 방법

PART1

## 치유 공동체로의 부르심

1. 치유 공동체가 되자 1 / 이사야 61:1-9          · 14
2. 치유 공동체가 되자 2 / 이사야 61:1-9          · 18

PART2

# 치유 Talk

3. 100% 응답받는 기도 / 요한일서 5:14-15 · 24

4. 신유의 목적 / 시편 103:1-3 · 28

5. 신유로 나아가는 5단계 / 요한복음 5:1-9 · 32

6. 하나님의 치유 방법 / 사도행전 28:1-10 · 36

7. 예수님이 치유하시는 방법 / 마가복음 1:32-34 · 40

8. 성경에 나오는 첫 번째 치유 / 창세기 20:1-18 · 44

9. 위대한 믿음의 여인 / 마가복음 7:24-30 · 48

10. 하나님이 고치시는 것 / 시편 103:1-5 · 52

11. 치유를 붙잡아라! / 잠언 4:20-22 · 56

12. 치유가 늦을 때 / 이사야 55:6-9 · 60

13. 치유가 일어나는 이유 / 이사야 54:4-5 · 64

14. 치유를 위해 기도하라! / 고린도전서 12:7, 9 · 68

15. 하나님의 치유 / 시편 103:1-5 · 72

16. 하나님께서 사용하시는 치유 방법 / 요일 5:14-15 · 76

17. 느린 치유 / 로마서 5:3-5 · 80

18. 응답이 있는 치유기도 / 예레미야 33:3 · 84

19. 치유를 포기하지 말라! / 시편 40:13-17 · 88

20. 치유를 늦추시는 이유 / 고린도후서 12:8-9 · 92

21. 치유 받고 치유를 유지하는 원칙 / 히브리서 10:36-39 · 96

PART3

# 불안 극복 Talk

22. 성경 치유란 무엇인가? 1 / 시편 107:20, 119:50 · 102

23. 성경 치유란 무엇인가? 2 / 시편 107:20, 119:50 · 106

24. 성경 치유란 무엇인가? 3 / 시편 107:20, 119:50 · 110

25. 중년의 불안 / 이사야 38:1-8 · 114

26. 장래 불안 / 창세기 15:1-7 · 118

27. 사회 불안 / 열왕기하 6:14-17 · 122

28. 정서 불안 / 사무엘상 15:17-23 · 126

29. 영적 불안 / 창세기 4:9-15 · 130

30. 분리 불안 / 마태복음 14:22-33 · 134

31. 소문 불안 / 민수기 14:1-19 · 138

32. 위기 불안 / 역대하 20:1-4 · 142

PART4

# 우울 극복 Talk

33. 성도가 우울증을 다루어야 하는 이유 / 빌립보서 4:10-13 · **148**

34. 우울증은 왜 올까요? / 고린도후서 12:7-9 · **152**

35. 우울증과 스트레스 / 마가복음 1:32-35 36. · **156**

36. 남성의 우울증 / 출애굽기 15:22-26 · **160**

37. 노인의 우울증 / 디모데후서 4:9-18 · **164**

38. 우울증과 영적 증상 / 이사야 53:4-6 · **168**

39. 우울증과 가족 지원 / 마가복음 2:1-12 · **172**

40. 우울증과 교회 지원 / 마태복음 12:15-21 · **176**

41. 우울증세 / 욥기 3:20-26 · **180**

42. 우울증의 치유 / 베드로전서 5:6-10 · **184**

43. 우울증이 주는 유익 / 고린도후서 11:23-33 · **188**

44. 우울증을 이기는 10가지 법칙 1 / 욥기 10:1-10 · **192**

45. 우울증을 이기는 10가지 법칙 2 / 욥기 10:1-10 · **196**

# — TALK —
# HEALING

치유 공동체로의 부르심

치유 TALK

불안극복 TALK

우울극복 TALK

Part.1

치유 공동체로의 부르심

# 01 치유 공동체가 되자

본문말씀 이사야 61:1-9

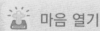 마음 열기

1. 교회는 어떤 모임이라고 생각합니까?
2. 지금 교회가 교회 안팎에서 받는 변화의 요청에는 어떤 것들이 있을까요?

### 예배 인도 순서

| | |
|---|---|
| 사도신경 | 다 같이 |
| 찬 송 | 471장(통 528) |
| 기 도 | 회원 중 |
| 본문 말씀 | 사 61:1-9 |
| 헌금 찬송 | 425장(통 217) |
| 헌금 기도 | 회원 중 |
| 주기도문 | 다 같이 |

### 말씀 나누기

인간의 실존은 삶의 불확실성과 거기서 오는 두려움입니다. 거기에 더해 현대인은 문명의 발달과 급격한 사회변화에서 오는 불안감과 고립감, 공허감과 무력감에 시달리고 있습니다. 많은 이들의 삶이 무너져내렸습니다. 곳곳에서 탄식이 들립니다.

이런 시대 안에서 교회는 교회 안팎으로부터 변화를 요청받고 있습니다.급격한 변화의 요청 앞에서 복음주의 교회는 크게 흔들리는 중입니다. 가히복음주의 교회의 위기 상황입니다.

그러나 이 흔들림은 위기만이 아니라 하나님의 부르심이기도 합니다. 하나님은 곳곳이 무너진 세상 한가운데서 주님의 몸인 교회가 이 땅에 회복을 가져오는 '치유 공동체'가 되기를 바라시기 때문입니다. 교회의 위기는 "치유 공동체가 되라"는 하나님의 부르심입니다. 하나님은 교회를 통해 이 세상에 신령한 복을 쏟으십니다. 교회란 통로 없이 결코 온전한 치유는 일어나지 않습니다. 교회가 하나님으로부터 온 회복의 비전에 사로잡히고 이끌릴 때, 교회는 무너진 이 땅에 치유를 시작하고 회복을 가져오는 생명의 통로가 될 것입니다. 많은 이들이 인간의 실존과 현대성이라는 중병을 앓으며 탄식하는 지금, 복의 통로이자 치유 공동체인 교회는 교회의 소명과 사명을 재확인하고 교회가 할 일을 분명히 해야 합니다. 치유 공동체인 우리는 어떻게 이 일을 해야 할까요?

## 1. 예수님의 십자가를 선포해야 합니다

눈부신 과학의 발달과 의학의 발전은 그동안 인류를 괴롭히던 질병으로부터 인류를 해방하였습니다. 불과 100년 만에 인류는 이전에는 경험할 수 없었던 놀라운 치유를 경험하고 있습니다. 그러나 과학과 의학이 인간의 본질적인 질병인 죄까지는 다루지 못합니다. 여전히 우리의 삶에는 치유되어야 할 영역이 남아있습니다. 인간의 힘으로는 죄를 없앨 수 없습니다. 죄의 치유는 물질의 영역이 아니라 영의 영역이고, 은총의 영역입니다. 예수님의 죽음과 속죄가 이 세상을 온전하게 치유합니다. 예수 그리스도께서 상처를 입으신 것은 죄가 있어서가 아니라 우리를 온전히 치유하기 위함이었습니다(사 53:5). 교회는 이 세상을 살리는 복음인 예수님의 십자가를 선포해야 합니다. 십자가를 선포할 공동체는 이 세상에 오직 교회밖에 없습니다.

## 2. 치유의 복음을 선포해야 합니다

구원자 하나님은 치료자이시기도 합니다. 하나님의 인간 구원 이야기인 성경에는 우리가 다시 온전해질 수 있다는 희망과 하나님의 치유 이야기로 가득합니다. 우리는 '여호와의 은혜의 해와 우리 하나님의 보복의 날을 선포하며, 모든 슬픈 자를 위로해야(시 61:2)' 합니다.

### 3. 전인(全人) 회복을 바라며 기도해야 합니다

복음은 하나님이 우리에게 주신 계시입니다. 복음을 담은 책인 성경은 종교 서적 이상입니다. 복음은 우리의 부분이 아니라 전인(全人)을 다룹니다. 기독교의 치유는 열방(계 22:2)과 우주(롬 9:19-21)에도 적용되는 사건입니다. 우리는 전인의 회복과 무너진 삶의 전부가 회복되길 바라며 기도해야 합니다(사 61:4).

 기도

주님, 온 세상이 아픔으로 가득합니다. 아픔이 가득한 이 시대에 성도를 치유 공동체로 부르시는 주님의 부르심에 우리 교회가 응답하게 해 주십시오.

### 요점 정리

1. 지금 이 세상은 인간의 실존과 현대성이란 병을 앓으며 신음하고 있다. 교회는 급격한 변화의 요청 앞에서 흔들리는 중이다. 지금은 복음주의 교회의 위기 상황이다. 그러나 관점을 달리하면 지금은 교회를 '치유 공동체'로 부르시는 하나님의 부름에 응답할 때이기도 하다.

2. 하나님이 주시는 온전한 치유를 경험하고, 그 온전한 치유를 이 세상에 선포하고 흘려보낼 '치유 공동체'로 전환하라. ①예수님의 십자가를 선포하고, ②치유의 복음을 선포하며, ③전인 회복을 바라며 기도하라.
②치유의 복음을 선포하며, ③전인 회복을 바라며 기도하라.

삶의 치유와 회복을 위한
HEALING TALK

# 02  치유 공동체가 되자 2

본문말씀 이사야 61:1-9

## 마음 열기

교회는 어떤 점에서 '치유 공동체'입니까?

### 예배 인도 순서

| | |
|---|---|
| 사도신경 | 다 같이 |
| 찬 송 | 286장(통 218) |
| 기 도 | 회원 중 |
| 본문 말씀 | 사 61:1-9 |
| 헌금 찬송 | 259장(통 193) |
| 헌금 기도 | 회원 중 |
| 주기도문 | 다 같이 |

## 말씀 나누기

교회는 지금 안팎으로부터 변화를 요청받고 있습니다. 변화의 요청이 매우 거셉니다. 지금은 교회의 위기 상황입니다.

그러나 관점을 달리하면 지금은 교회가 교회의 존재 목적과 가치를 증명할 절호의 기회입니다. 교회는 늘 하나님이 은혜로 주시는 치유가 일어나는 생명의 현장이기 때문입니다. 교회가 치유 공동체라는 교회의 소명을 확인하고 행동한다면, 지금의 위기는 오히려 교회가 부흥하는 기회가 될 것입니다.

교회가 먼저 하나님이 주시는 온전한 치유를 경험해야 합니다. 그리고 치유와 회복이 필요한

이 세상에 하나님이 주시는 온전한 치유와 회복을 전해야 합니다. 교회가 모든 무너진 상황과 관계 속에 치유 공동체로 불렸음을 확신하고, 치유 공동체로 전환할 때 하나님의 영광이 드러날 것입니다. 지난 시간에 이어 어떻게 교회가 치유 공동체로 전환할 수 있는지를 생각해 봅니다.

### 4. 나 홀로 치유가 아니라 공동체적 치유를 목표로 삼고 행동해야 합니다

거룩함은 죄로부터의 분리이면서, 하나님 나라 건설에의 동참입니다. 죄로부터 성별된 거룩한 공동체 교회는 반목하고 무너진 모든 관계 안으로 불렸습니다. 하나님은 거룩한 교회를 죄의 한복판으로 부르셨습니다. 교회는 무너진 모든 관계의 회복과 온 세상의 치유를 위해 하나님이 부르신 거룩한 존재입니다(사 61:6). 교회의 불린 자리는 나 홀로 치유되는 자리가 아닙니다. 나의 치유가 너의 치유로 이어지고, 우리의 치유로 완성되는 연대의 자리입니다. 교회는 하나님의 이 부르심을 기억해야 합니다. 그리고 공동체적 치유를 목표로 행동해야 합니다.

### 5. 더욱 성령님을 강조해야 합니다

진정한 치유는 기술이나 의술의 활용에 있지 않습니다. 치유는 인간을 긍휼히 여기시는 성령님께서 일하신 결과입니다. 성령님은 하나님의 영으로, 이 세상을 하나님의 마음인 사랑으로 품으십니다. 그 사랑 안에서 이 세상은 치유됩니다. 이 사랑 안에서 낫지 않을 것은 아무것도 없습니다. 치유 공동체인 교회는 이 성령님이 계심을 증거하고, 성령님이 일하심을 강조하며, 성령님께 기도해야 합니다(사 61:1). 의술 너머에 있는 성령님을 더욱 강조해야 합니다.

### 6. 치유를 위해 기도하는 분위기를 만들어야 합니다

치유 공동체인 교회가 치유를 위해 기도할 때, 성령님이 일하시기 시작합니다. 성령이 일하실 때, 치유가 일어납니다. 치유가 일어날 때, 더 많은 사람이 찾아와 치유 받습니다. 그렇게 교회는 치유 공동체로 세상에 알려지고, 많은 사람이 우리를 보고 "여호와께 복을 받았다"고 증거할 것입니다(사 61:9). 치유 공동체로 불린 교회의 정체성을 기억합시다. 치유를 위해 기도하는 교회가 됩시다.

 기도

주님, 우리 교회가 아픔으로 신음하는 이 세상의 회복을 위해 성령님께서 일하시는 치유 공동체가 되게 하옵소서.

### 요점 정리

1. 교회의 정체성은 치유 공동체다. 교회인 우리는 치유 공동체로 불렸음을 기억하라. 이 소명을 기억하고 실천할 때, 교회의 위기 상황인 것처럼 보이는 지금은 오히려 교회 부흥의 기회가 될 것이다.

2. 하나님이 주시는 온전한 치유를 경험하고, 그 온전한 치유를 이 세상에 선포하고 흘려보낼 '치유 공동체'가 되라. ④나 홀로 치유가 아니라 공동체적 치유를 목표로 삼고 행동하고, ⑤더욱 성령님을 강조하며, ⑥치유를 위해

삶의 치유와 회복을 위한
HEALING TALK

# ——— TALK ———
# **HEALING**

치유 공동체로의 부르심

치유 TALK

불안극복 TALK

우울극복 TALK

Part.2

●●○○

치유 TALK

# 03 100% 응답받는 기도

본문말씀 <u>요한일서 5:14-15</u>

 **마음 열기**

내 삶에 있었던 기도 응답에는 무엇이 있습니까?

예배 인도 순서

| | |
|---|---|
| 사도신경 | 다 같이 |
| 찬 송 | 305장(통 405) |
| 기 도 | 회원 중 |
| 본문 말씀 | 요일 5:14–15 |
| 헌금 찬송 | 436장(통 493) |
| 헌금 기도 | 회원 중 |
| 주기도문 | 다 같이 |

**말씀 나누기**

기도에 관한 약속이 성경에 나옵니다.

"그러므로 내가 너희에게 말하노니 무엇이든지 기도하고 구하는 것은 받은 줄로 믿어라. 그리하면 너희에게 그대로 되리라(막 11:24)."

우리는 이 약속 안에 있습니다. 성공률 100%의 기도가 우리가 드리는 기도입니다. 이 약속은 우리가 실행할 때, 비로소 현실로 경험할 수 있습니다. 우리는 어떻게 기도해야 합니까?

## 1. 하나님 말씀에 기초하여 기도합니다

기도는 화살을 쏘아 과녁을 맞히는 것과 같은데, 기도에서 과녁은 하나님의 뜻입니다(요일 5:14-15). 허공에 쏘면 과녁을 맞힐 수 없는 것처럼 하나님의 뜻대로 기도하지 않으면 응답받을 수 없습니다(약 4:2-3). 기도할 때마다 과녁을 맞히려면 하나님의 말씀에 근거해야 합니다. 몸의 치유가 필요합니까? 우리 죄를 담당하신 예수님께 기도하십시오(벧전 2:24). 재정이 필요합니까? 문제해결을 위해 기도하기보다 하나님의 응답을 기도하십시오(빌 4:19).

## 2. 믿음으로 기도합니다

단순한 원리입니다. 기도할 때, 응답받는다는 것을 믿으십시오(마 21:22). 믿음 위에서 계속 기도하십시오. 하나님의 말씀은 항상 진리입니다. 그분이 "다 이루었다"고 하시면 다 된 것입니다.

## 3. 두려워하지 말고 기도합니다

우리 삶을 지배하는 주 감정은 두려움과 불안입니다. 사탄은 그 감정을 이용하여 우리를 얽어매고 조종합니다. 두려움과 불안에 사로잡히면 하나님이 우리에게 주신 선물들을 제대로 누리지 못합니다. 이제 두려움과 불안과의 전쟁을 선포하십시오(고후 10:4). 믿음과 기도로 이 전투에 임하십시오. 하나님의 말씀을 선포하기 시작하십시오. 두려움과 불안이 내 의식 속으로 들어오는 것을 거부하십시오. 사탄뿐만 아니라 사람들도 내게 믿음에 어긋나는 말을 합니다. 그 말을 듣지 말고, 기도하십시오.

## 4. 성공하는 자신을 바라보며 기도합니다

하나님은 두려워하는 여호수아에게 율법의 묵상과 준행에서 오는 평탄과 형통을 약속하셨습니다(수 1:8). 하나님께 순종하는 여호수아의 미래를 지금 여기서 미리 보여주신 것입니다. 하나님 안에서 자신의 미래를 바라보며 기도하십시오.

### 5. 기도 응답을 간증합니다

성도인 우리는 예수님의 피와 증언하는 말로써 대적의 음모와 계획을 이깁니다(계 12:11). 우리에게 필요한 모든 것이 예수님의 피로 인해 우리에게 공급되었습니다. 그 모든 것은 하나님의 자녀인 우리의 것입니다. 응답한 기도에 대해 간증하면 우리는 담대해져서 다른 사람들을 격려할 수 있습니다(막 5:18-20).

### 6. 기도로 다른 사람을 돕는 일에 참여합니다

성도가 할 일은 사랑을 표현하는 것입니다(갈 5:6). 기도는 우리가 사랑을 표현하는 최고의 수단입니다. 예수님이 당신을 위해 하신 일을 다른 사람에게도 하시도록 과감하게 요청하십시오. 병 고침이 필요한 사람이 있다면 그가 고침을 받도록 그를 위해 기도하십시오(약 5:16). 예수님은 "주라. 그리하면 너희에게 다시 주실 것이요"라고 말씀하셨습니다. 하나님은 이 세상에 복을 흘려보낼 사람을 찾고 계십니다. 내가 받는 일에만 집중하지 말고, 남에게 주는 일에도 관심을 가지고 기도하십시오. 그러면 100% 응답받는 기도의 자리에 있게 됩니다. 나만 은혜받는 골방에만 머무르지 말고, 내가 받은 은혜를 주기 위해 세상을 향해 나가십시오!

 기도

> 주님, 저희에게는 "기도는 반드시 응답 된다."는 약속이 있습니다. 이 약속을 기억하며 기도하는 삶을 살겠습니다.

요점 정리

1. 기도는 반드시 응답 된다. 우리에게는 "기도는 반드시 응답 된다."는 약속이 있다.

2. 이 약속을 믿고, 기도하는 사람이 되어라.

삶의 치유와 회복을 위한
HEALING TALK

# 04 신유의 목적

본문말씀 **시편 103:1-3**

 마음 열기

신앙생활 중에 병이 나은 경험이나 주변에서 신앙으로 병이 나은 것을 목격한 경험에는 무엇이 있습니까?

## ✤ 예배 인도 순서

| | |
|---|---|
| 사도신경 | 다 같이 |
| 찬 송 | 208장(통 246) |
| 기 도 | 회원 중 |
| 본문 말씀 | 시 103:1-3 |
| 헌금 찬송 | 288장(통 204) |
| 헌금 기도 | 회원 중 |
| 주기도문 | 다 같이 |

## 말씀 나누기

'신유(Divine Healing)'는 그리스도인이 하나님의 인도와 은혜 가운데 항상 건강하게 생활하는 것과 하나님의 능력과 은혜로써 병이 낫는 것을 말합니다. 신유에는 나의 영적 상태를 알고 내가 죄인임을 고백함으로써 고침을 얻는 영적 신유(눅 5:7), 육신의 질병이 고침을 얻는 질병 치유(눅 5:13), 예수님의 부르심으로 삶의 방향과 가치관이 완전히 달라지는 것을 경험하는 사회적 신유(눅 5:27)가 있습니다. 우리는 신유를 통해 나와 내 삶의 전체가 온전히 세워지는 것을 경험합니다.

신유는 분명한 목적이 있는 하나님의 행동입니다. 하나님은 신유를 베푸심으로써 당신의 선한 뜻을 이루십니다. 하나님은 왜 우리에게 신유를 베푸실까요?

## 1. 인간을 향한 긍휼 때문입니다

예수님은 나병을 고치는 기적을 행하셨는데, 기적이 일어난 원인은 나병환자를 향한 예수님의 넘치는 긍휼 때문이었습니다(막 1:40-42). 우리를 향한 하나님의 긍휼은 우리의 연약을 채우고, 우리를 온전히 치유합니다(히 4:15-16).

## 2. 예수님이 죄를 용서하는 권세가 있다는 것을 알리시기 위해서입니다

우리에게 가장 중요한 일은 죄를 용서받는 일입니다. 오직 하나님만이 우리 죄를 없애실 수 있습니다(시 103:3). 예수님은 오직 하나님만이 인간의 죄를 없애실 수 있으며, 하나님이 이 땅에 보내신 자신에게 인간의 죄를 용서하는 권세가 있다는 것을 보여주시기 위해서 신유를 행하셨습니다(막 2:10-12).

## 3. 하나님께 영광을 돌리기 위해서입니다

신유를 경험한 모든 사람에게 나타나는 공통된 반응은 "하나님께 영광을 돌린다."는 것입니다(시 10:4-5; 마 9:8, 15:30-31; 눅 13:13, 17:15). 신유는 우리가 하나님의 창조목적대로 하나님을 찬양하며 하나님께 영광을 돌리게 합니다.

## 4. 하나님의 약속을 성취하기 위해서입니다

하나님은 이 땅에 메시아를 보내어 인간의 연약함과 병을 짊어질 것을 약속하셨는데, 예수님이 병을 고치심은 이 예언의 이루어짐이었습니다(마 8:16-17). 십자가에서 예수 그리스도는 우리의 질병과 연약함을 짊어지셨습니다. 신유는 하나님이 나를 향한 하나님의 구원 약속을 온전히 이루시기 위함입니다.

## 5. 복음을 효과적으로 널리 전파하기 위해서입니다

사도 베드로와 바울이 행한 신유의 이적은 그들이 전하는 복음이 참 신이신 하나님으로부터 온 진실한 복음임을 증명했습니다. 복음을 전혀 모르는 이방 사람들에게 신유의 이적은 복음의 진실성을 증명하는 가장 효과적인 방법이었습니다. 사마리아에서 전도했던 빌립 역시 신유의 이적을 통해 이방인들에게 복음을 전하는 데 성공합니다(행 8:6).

### 6. 예수님의 피가 지닌 능력을 보여주기 위해서입니다

하나님의 약속대로 예수님은 십자가에서 피를 흘리셨고, 그 피는 우리의 죄를 용서하며 우리를 치유합니다(사 54:4-5). 그 피의 효력은 지금도 여전합니다. 앞으로도 영원할 것입니다. 예수님의 피에는 능력이 있습니다. 병들고 무너진 세상을 치유하는 능력은 바로 예수님의 피입니다. 인생은 풀과 같고, 들의 꽃과 같습니다(시 103:15). 아무리 화려하고 대단해 보여도 어느 순간 없어지는 것이 인생입니다(시 103:16). 하지만 주님의 십자가 보혈은 작고 보잘것없는 우리 인생을 살리고, 고쳐서 영원과 연결합니다.

 기도

주님, 저희의 삶에 신유가 일어나기를 소망합니다.
저희에게 신유를 행하소서.

### 요점 정리

1. 우리는 신유를 통해 나와 내 삶이 온전히 세워지는 것을 경험한다.
2. 신유는 당신의 선한 뜻을 이루시려는 분명한 목적이 있는 하나님의 행위이다.

# 05  신유로 나아가는 5단계

본문말씀 **요한복음** 5:1-9

 **마음 열기**

내가 생각하는 불신앙에는 무엇이 있습니까? 왜 그것은 불신앙입니까?

## ✿ 예배 인도 순서

| | |
|---|---|
| **사도신경** | 다 같이 |
| **찬 송** | 68장(통 32) |
| **기 도** | 회원 중 |
| **본문 말씀** | 요 5:1-9 |
| **헌금 찬송** | 401장(통 457) |
| **헌금 기도** | 회원 중 |
| **주기도문** | 다 같이 |

## 📖➕ 말씀 나누기

예수님은 많은 병자를 고치셨습니다(마 8:16). 그러나 어떤 곳에서는 그렇게 하시지 못했습니다(막 6:5). 그들의 불신앙 때문이었습니다. 신유를 가로막는 불신앙에는 '치유하시려는 하나님의 능력이나 의지에 대한 잘못된 개념, 믿음의 장벽(특히 죄책감과 수치심), 두려워하는 태도, 하나님의 치유를 적극적으로 받기 위한 믿음의 부족, 인내심 없음'이 있습니다. 신유를 경험하기 위한 5단계를 제시합니다. 이 5단계는 신유를 가로막는 장애물을 식별하고 제거하여 하나님의 치유를 경험하게 합니다.

32  힐링 TALK

### 1단계 : 바로잡기

"당신은 정말 치유를 원하십니까?" 주님께서 병든 자들에게 자주 하신 질문입니다. 예수님은 38년 된 병자에게도 이렇게 물으셨습니다(요 5:6). 당연한 질문처럼 보이는 질문을 예수님께서 하신 이유는 병자 안에 있는 잘못된 믿음을 다루시기 위해서입니다. 우리는 치유를 위해 기도하지만, 정작 치유에 관해 믿음이 없는 경우가 많습니다. 예수님은 살아계십니다. 하늘과 땅의 모든 권세를 가지셨습니다(마 10:8, 28:18). 그 권세에는 모든 질병과 죽음을 다스리는 권세도 포함됩니다(계 1:18). 주님은 우리를 치유하실 수 있습니다. 우리가 잘되고 강건해지는 것은 하나님의 뜻입니다(요삼 1:2). '내가 나을 수 있을까?'라 의심하며 치유를 구하지 말고, 먼저 나의 믿음부터 바로 잡으십시오. 모든 것 위에 있는 하나님의 권세를 기억하십시오.

### 2단계 : 장벽 제거

치유를 바라는 38년 된 병자에게는 이를 가로막는 것들이 많았습니다. 다른 병자들이 많았고(요 5:3), 자신의 병은 38년이나 된 고질병이었습니다(요 5:5). 또 그에게는 불평이 있었고, 자신을 도울 사람도 없었습니다(요 5:7). 그러나 주님이 하신 한마디로 장벽들이 제거되자 그는 고침을 얻었습니다. 38년 동안 자신을 옥죄던 중병에서 해방되어 걷게 되었습니다. 신유를 바란다면 신유를 가로막는 장벽을 제거해야 합니다. 누군가에게 화를 내거나 그를 용서하지 못하고 있습니까(마 18:35; 요일 4:20)? 내 죄가 깨달아진다면(요 5:14) 하나님의 용서를 믿음으로 양심이 100% 깨끗해질 때까지 기도함으로써 신유를 가로막는 장벽을 제거해야 합니다.

### 3단계 : 영적 습관 들이기

내게서 질병이 떠나고, 100% 치유되었다고 상상하십시오(마 9:21; 막 5:28). 치유의 긍정적인 이미지를 미리 바라보십시오. 두려움을 희망으로 바꾸십시오. 100% 치유된 내 모습을 상상하고 감사하십시오. 우리는 내 영혼과 치유를 위해 좋은 습관을 들여야 합니다.

### 4단계: 적극적인 믿음

하나님은 나를 치유하실 수 있고, 나를 치유하기를 원하시며, 나의 선함과 상관없이 은혜로 치유를 제공하십니다. 그러니 믿음으로 신유를 붙드시기를 바랍니다. 치유를 위해 하나님께서 내게 초자연적인 말씀(레마)을 주시도록 성령님께 간구하십시오. 믿음은 바라는 것들의 실상이요, 보이지 않는 것들의 증거입니다(히 11:1). 믿음은 들음에서 나며 들음은 그리스도의 말씀으로 말미암습니다(롬 10:17). 하나님은 살아 계시며 성령님을 통해 우리에게 말씀하십니다. 하나님의 계시의 말씀(레마)을 받은 후에는 비록 외적인 모습은 아직 변하지 않았더라도 믿음으로 신유를 경험할 수 있습니다. 장벽처럼 둘러서서 내 건강을 위협하는 질병의 산을 향하여 선포하십시오. "바다에 던져지라!(막 11:23)". 모든 문제가 내게서 떨어져 나갈 것입니다.

### 5단계 : 믿음으로 기다림

신유는 즉각 일어나기도 하지만, 때로는 점진적으로 일어나기도 합니다. 그래서 우리는 믿음으로 기다릴 필요가 있습니다. 4단계에서 우리는 하나님의 레마, 즉 내게 주시는 살아있는 하나님의 말씀을 받습니다. 이제 하나님의 레마를 믿고, 감사함과 오래 참음으로 몸이 나을 때까지 계속 하나님의 레마를 붙잡아야 합니다. 내게 치유가 즉시 나타나지 않더라도 이미 치유된 것으로 알고 계속 하나님의 말씀을 붙들고 기다리십시오.

## 기도

주님, 제게서 신유를 가로막는 장애물들을 제거해 주십시오. 제게 신유가 일어나도록 저를 인도해 주소서.

## 요점 정리

1. 불신앙은 신유를 가로막는다. 신유를 위해서는 장애물을 제거해야 한다.

2. 신유의 5단계인 '①바로잡기, ②장벽 제거, ③영적 습관 들이기, ④적극적인 믿음, ⑤믿음으로 기다림'을 사용하여 장애물을 제거하고 신유로 나아가라.

삶의 치유와 회복을 위한
HEALING TALK

# 06 하나님의 치유 방법

본문말씀 **사도행전 28:1-10**

## 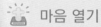 마음 열기

하나님이 우리를 치유하시는 방법에는 어떤 것들이 있습니까?

---

### ✿ 예배 인도 순서

| | |
|---|---|
| 사도신경 | 다 같이 |
| 찬 송 | 211장(통 346) |
| 기 도 | 회원 중 |
| 본문 말씀 | 행 28:1-10 |
| 헌금 찬송 | 455장(통 507) |
| 헌금 기도 | 회원 중 |
| 주기도문 | 다 같이 |

### 📖 말씀 나누기

하나님은 인간을 완벽하게 창조하셨습니다. 하지만 인간이 죄를 지으므로 질병이 인간에게 찾아왔습니다. 모든 질병이 죄의 결과는 아닙니다. 그러나 질병은 우리 삶을 어렵게 합니다. 우리에겐 부상, 감염, 질병 등 건강을 위협하는 모든 것에서의 자유인 치유가 필요합니다.

치유는 여러 방법으로 일어납니다. 우리 안에 있는 자가 면역력으로 치유가 일어나기도 하고, 하나님이 발전을 허락하신 의술로도 치유가 일어납니다. 의술을 무작정 거부하는 일도 바른 신앙이 아니지만, 병원이나 약만을 신뢰하고 기도하지 않는 일도 바른 신앙이 아닙니다. 하나님은 여러 방법으로 치유하실 수 있는 분임을 확신

하는 것이 바른 믿음입니다.

예수님은 자기에게 오는 모든 사람을 고치셨습니다. 하나님은 우리가 건강해 지는 것을 기뻐하십니다. 하나님은 성경으로 우리에게 신유가 일어나는 방법에 관해 많은 말씀을 주셨습니다. 그 말씀을 우리 인생에 적용하면 치유가 일어납 니다. 하나님이 주신 다양한 치유 방법을 알아보겠습니다.

### 1. 병 고치는 은사의 사용 : 고린도전서 12:9, 11

성경은 다양한 은사를 소개하면서 특별히 '병 고치는 은사'를 소개합니다. 이 은사는 하나님의 주권(하나님의 뜻)을 따라 작용합니다. 이 은사는 가진 사람 이 원할 때 마음대로 사용할 수 있는 게 아닙니다. 은사를 주신 분인 하나님께 서 이 방식으로 사역하도록 인도하실 때만 사용할 수 있습니다. 또 치유를 위 해서는 치유를 원하는 사람의 믿음이 필요할 때가 있는데, 때로는 치유를 원하 는 사람에게 믿음이 없을 때도 하나님의 뜻을 드러내시기 위해 주님은 치유를 시작하십니다(행 28:5).

### 2. 목사에게 기도 요청하기 : 야고보서 5:14-15

야고보는 교회의 장로를 초청해 병자를 위해 기도하라고 합니다(약 5:14-15). 보블리오는 바울을 불러 기도하게 함으로써 부친의 병을 고쳤습니다(행 28:8). 하나님이 쓰시는 사람에게 치유를 요청하십시오. 하나님이 치유의 은혜를 베 푸십니다.

### 3. 서로를 위해 기도하기 : 야고보서 5:16

서로 기도할 때 하나님은 치유하십니다. 치유를 위해 서로 기도하는 일은 하 나님의 치유를 경험하는 귀한 방법 가운데 하나입니다.

### 4. 예수님의 이름을 사용하기 : 요한복음 16:23

베드로와 요한은 예수님의 이름으로 날 때부터 장애가 있던 사람을 고쳤습니다(행 3:1-8). 모든 권세 위에 뛰어난 이름, 우리에게 구원을 주시는 이름인 예수님의 이름을 사용하십시오. 예수님의 이름을 사용하는 것은 하나님이 나를 사용하여 치유를 일으키도록 나를 내어드리는 일입니다.

### 5. 안수 : 마가복음 16:17-18

예수님은 우리가 병든 사람에게 손을 얹은즉 나을 것이라고 하셨습니다. 안수는 병자를 치유하는 데 가장 일반적인 방법일 것입니다. 바울은 보블리오의 부친을 안수하여 낫게 했습니다(행 28:8).

### 6. 하나님의 말씀 신뢰하기 : 마가복음 11:23

하나님을 신뢰할 때 치유를 가로막는 장벽인 의심이 사라집니다. 내 감정이나 생각보다 하나님의 말씀을 신뢰하십시오. 내가 신뢰하는 하나님의 말씀을 믿음으로써 치유 안으로 들어가십시오.

---

🖐-기도

여러 가지 방법을 사용하여 치유하실 하나님을 바라봅니다.
주님, 우리를 고쳐 주시옵소서!

---

요점 정리

1. 하나님의 치유는 자가 치유나 의술까지 포함된다. 바른 믿음은 하나님께서 여러 방법으로 치유하실 수 있다는 것을 확신하는 일이다.

2. 바른 믿음을 가지고 하나님의 다양한 치유 방법에 열린 마음으로 치유를 간구하라.

# 07 예수님이 치유하시는 방법

본문말씀 **마가복음 1:32-34**

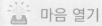 마음 열기

하나님의 다양한 치유 방법 중,
내가 경험하거나 목격한 방법에는 무엇이 있습니까?

## ✦ 예배 인도 순서

| | |
|---|---|
| 사도신경 | 다 같이 |
| 찬 송 | 280장(통 338) |
| 기 도 | 회원 중 |
| 본문 말씀 | 막 1:32-34 |
| 헌금 찬송 | 429장(통 489) |
| 헌금 기도 | 회원 중 |
| 주기도문 | 다 같이 |

## 📖 말씀 나누기

하나님은 병자를 고치기 위해 다양한 방법을 사용하셨습니다. 사복음서를 보면 예수님도 병자를 고치기 위해 여러 가지 방법을 사용하셨습니다. 이는 자신이 모든 존재의 주인이요, 모든 존재를 사랑하는 분임을 보여주시기 위해서였습니다. 우리는 다양한 방법으로 병자를 고치시는 예수님의 모습에서 만물의 창조주요 주권자이신 하나님과 인간을 사랑하시는 하나님을 봅니다.

우리를 사랑하시는 하나님은 여러 가지 방법으로 우리를 치유하십니다. 하나님의 치유는 한 가지 패턴이나 한 가지 방법에 제한되지 않습니다. 주님은 당신이 원하시는 방식으로 우리의 병을 고치십니다. 우리는 항상 주님이 자신의 방식으로 우리를 치유하시도록 허용해야 합니다. 주님이 우리를 치유하시는 모든 방식에 열려 있으십시오. 주님이 우리를 치유하실 모든 방식에 열려 있음으로써 하나님의 능력을 제한하지 않는 것, 이것이 치유를 기대하는 우리의 태도여야 합니다. 열린 마음으로 예수님은 어떻게 인간을 치유하셨는지 알아봅시다.

### 1. 말씀으로 선포하심

예수님은 말씀만으로 중풍병자를 고치셨습니다(마 9:6-7). 예수께서 말씀하시자 시각장애인의 눈이 열렸습니다(막 10:52). 38년 동안 병을 앓던 사람이 자리를 들고 걸어가기도 했습니다(요 5:8-9). 경우는 다르지만, 그들은 모두 예수님의 명령만으로도 즉시 치유를 받았습니다. 예수님의 말씀 외에 다른 것은 필요하지 않았습니다.

### 2. 만지심

예수님께서 시몬 베드로의 장모 손을 잡았을 때, 그녀의 열병이 나았습니다(마 8:15). 예수님이 눈먼 두 사람의 눈을 만지시자 그들은 곧 눈을 떴습니다(마 20:34). 예수님이 안수하시자 18년 동안이나 귀신 들려 앓으며 꼬부라져 조금도 펴지 못하던 한 여자는 곧 몸이 펴졌습니다.

### 3. 병자가 옷에 손을 댈 때 치유의 능력을 행하심

예수님은 병자들이 자기의 옷을 만질 때 치유의 능력을 행하셨습니다. 혈액 분비 문제로 고통을 겪고 있던 한 여성은 예수님의 옷을 만지고 즉시 나았습니다(마 9:20-22). 마태는 예수님의 옷자락을 만진 많은 병자가 고침을 받았다고 기록합니다(마 14:35-36).

### 4. 침을 바르심

벳새다에서 눈먼 사람을 만나신 예수님은 그의 손을 잡아 마을 밖으로 인도

하셨습니다. 그리고 그의 눈에 침을 뱉은 뒤 그에게 안수하심으로써 그의 눈을 고치셨습니다(막 8:22-25).

### 5. 치유를 약속하심

예수님은 병자를 직접 만나지 않고 그들의 치유를 약속하시는 것만으로도 병자를 고치셨습니다. 예수님은 자기 하인의 치유를 위해 찾아온 로마의 백부장에게 그의 하인이 치유되었다고 약속하셨는데, 그때 하인이 나았습니다(마 8:13). 가나안 여인의 딸을 고쳐 주실 때도 같은 방법을 사용하셨습니다(마 15:28). 치유를 약속하시는 것으로 신하의 아들을 고치시기도 했습니다(요 4:50-53).

 기도

주님이 우리를 치유하시는 모든 방법에 열려 있겠습니다. 하나님, 우리를 당신의 제한 없는 능력으로 고쳐 주십시오!

 요점 정리

1. 하나님은 우리를 다양한 방식으로 치유하심으로써 창조주로서의 권위와 당신의 주권을 드러내신다.

2. 주님이 우리를 치유하실 모든 방식에 열려 있으라. 하나님의 능력을 제한하지 않음으로써 치유를 경험하라.

삶의 치유와 회복을 위한
HEALING TALK

# 08 성경에 나오는 첫 번째 치유

**본문말씀 창세기 20:1-18**

 **마음 열기**

믿음의 조상이라 불리는 사람 아브라함은 어떤 사람입니까?

---

## ✤ 예배 인도 순서

| | |
|---|---|
| **사도신경** | 다 같이 |
| **찬　　송** | 540장(통 219) |
| **기　　도** | 회원 중 |
| **본문 말씀** | 창 20:1-18 |
| **헌금 찬송** | 532장(통 323) |
| **헌금 기도** | 회원 중 |
| **주기도문** | 다 같이 |

## 📖✝ 말씀 나누기

　본문은 아브라함이 네게브 사막 지대의 그랄이라는 도시로 이주하여 살 때의 일입니다. 아브라함이 사라를 자기의 누이라 속였으므로, 이 성의 왕 아비멜렉은 사라가 아브라함의 아내란 것을 모르고 그녀를 자기 집으로 데려갑니다. 그러자 하나님은 그의 꿈에 나타나 사라를 아브라함에게 돌려보낼 것을 명령하십니다. 그러지 않으면 그는 죽을 것이고, 그의 땅에 있는 여자들은 더는 아이를 가질 수 없습니다. 즉시 아비멜렉은 사라를 아브라함에게 돌려보냅니다. 아브라함이 아비멜렉과 다른 모든 사람을 위해 기도하자, 하나님은 그들을 다 고쳐 주십니다(창 20:17). 이것은 성경에 처음 나오는 치유 이야기입니다. 이 말씀에 근거하여 치유의 원칙 몇 가지를 알아봅시다.

### 1. 하나님은 사람을 통해 일하십니다

아브라함이 치유를 위해 기도하기 전에는 아무도 치유되지 않았습니다. 하나님은 당신의 뜻을 이루시기 위해 아브라함과 협력하고 계십니다. 하나님은 유형의 물리적 영역에서 당신의 능력을 드러내시기 위해 인간을 사용하십니다.

### 2. 하나님은 결점이 있는 사람을 통해서도 일하십니다

이런 일이 일어난 것은 아브라함의 잘못 때문이었습니다. 그는 살기 위해 거짓말을 했고, 그 거짓말에서 모든 문제가 시작되었습니다. 그러나 아브라함은 하나님이 치유의 능력을 나타내기 위해 사용하신 첫 번째 사람입니다. 아브라함은 부정직한 사람이기도 했지만, 하나님이 치유를 위해 쓰신 사람이기도 했습니다. 신유는 인간의 선함이 아니라 하나님의 선하심에 기초합니다. 죄는 하나님의 능력을 막지 못합니다. 하나님은 우리의 죄보다 크십니다. 하나님은 때로 결점이 있는 사람들을 통해서도 충분하게 일하십니다.

### 3. 치유 사역을 하는 사람에게도 기적이 필요합니다

아브라함과 사라는 아이가 없었지만, 하나님은 아브라함을 사용해 그랄 여인들의 잉태 능력을 회복하셨습니다. 당신이 현재 질병에 걸렸다는 사실이 당신이 치유자로서 자격이 없다는 뜻은 아닙니다. 당신이 어떤 질병과 싸우고 있더라도 그것 때문에 치유 사역을 제한하지 마십시오. 100% 완전한 건강을 가져야만 치유 사역자가 되는 것이 아닙니다. 다른 사람을 위해 적극적으로 치유 사역을 펼치기 바랍니다.

### 4. 치유는 즉각적일 수 있지만 물리적 증거는 나중에 나타날 수 있습니다

이 이야기에서 일어난 치유 중 일부는 여성의 잉태 능력 회복이었습니다. 그들에게 치유가 일어났다는 것을 확실히 알 수 있기까지는 시간이 걸렸습니다. 그들은 즉시 완전히 나았지만, 임신할 때까지는 눈에 보이는 증거를 가질 수 없었습니다. 때로 하나님의 치유를 확인하기까지는 시간이 필요합니다. 조급해하지 마십시오.

### 5. 하나님은 우리와 다르게 일하십니다

거짓말을 한 아브라함에게 경고나 벌이 주어지지 않고, 오히려 아비멜렉이 곤경에 처했습니다. 우리의 일상적인 도덕 기준과는 다른 결과입니다. 이는 하나님께서 아브라함에게 하신 약속을 지키고 계시기 때문입니다(창 12:3). 하나님은 이 사건에 아브라함의 행동이 지닌 도덕성을 적용하시지 않고, 당신이 아브라함에게 하신 약속을 적용하고 계십니다. 치유도 마찬가지입니다. 가끔 치유는 우리가 전혀 이해하지 못하는 방식으로 일어납니다. 언제나 하나님은 나보다 옳으십니다. 내 견해, 주장, 경험을 내세우지 말고 하나님께 맡기십시오. 하나님이 원하시면 우리는 치유됩니다.

기도

하나님, 우리는 이 시대의 아브라함입니다. 우리를 아브라함처럼 쓰시옵소서. 우리를 쓰시어 이 땅을 고치시옵소서.

요점 정리

1. 아브라함이 그랄이라는 도시에서 겪었던 이야기는 성경에 처음 나오는 치유 이야기다.

2. 이 이야기에는 5개의 치유 원칙이 나온다. "①하나님은 사람을 통해 일하신다, ②하나님은 결점이 있는 사람을 통해서도 일하신다, ③치유 사역을 하는 사람에게도 기적이 필요하다, ④치유는 즉각적이지만 물리적인 증거는 나중에 나타날 수 있다, ⑤하나님은 우리와 다르게 일하신다."

삶의 치유와 회복을 위한
HEALING TALK

# 09 위대한 믿음의 여인

본문말씀 **마가복음** 7:24-30

 **마음 열기**

우리는 '믿음'에 관해 많이 이야기합니다. 믿음은 무엇입니까?

## ✿ 예배 인도 순서

| | |
|---|---|
| 사도신경 | 다 같이 |
| 찬　　송 | 36장(통 36) |
| 기　　도 | 회원 중 |
| 본문 말씀 | 막 7:24-30 |
| 헌금 찬송 | 384장(통 434) |
| 헌금 기도 | 회원 중 |
| 주기도문 | 다 같이 |

## 📖 말씀 나누기

본문은 예수님이 이방인 구역에서 이방 여인의 귀신 들린 어린 딸을 고치신 이야기입니다. 당시의 통념대로라면 이방인은 구원과 치유에서 제외되거나 구원과 치유의 우선순위에서 밀려야 했습니다. 그러나 예수님은 그녀의 믿음을 보고, 귀신 들린 그녀의 딸을 고치셨습니다. "네 딸에게서 귀신이 나갔느니라(7:29)". 그녀의 믿음은 예수님의 치유 능력이 그녀의 딸에게로 흘러 들어가게 하는 통로였습니다. 그녀는 어떤 믿음을 가지고 있었을까요?

### 1. 뛰어난 영적인 통찰력

그녀는 유대인에게, 다음으로 헬라인에게 하나

님의 구원 계획이 적용되는 방식을 변경해 달라고 예수님께 간구하지 않았습니다. 그녀는 예수님께 단순히 '부스러기'를 요구했습니다. 믿음은 하나님의 뜻을 정확히 이해하는 데 기초합니다. 믿음은 감정이 아니라 하나님을 아는 올바른 지식입니다. 그녀에게는 하나님의 뜻을 이해하는 영적인 통찰력이 있었습니다.

### 2. 끈질긴 간구

이 여인은 자기의 딸을 고치기 위해 믿음과 불리한 상황 사이의 관계를 설명했습니다. 그녀는 예수님의 말씀에도 물러나지 않고 계속 치유를 간구했습니다. 끈질긴 간구에서 드러나는 여인의 믿음은 주님의 마음을 흔들어 놓았습니다. 끈질기게 하나님을 의지하는 사람들의 믿음은 환난 중에 더욱 강해집니다 (약 1:2-4).

### 3. 딸을 위한 중보기도

이 여인은 위대한 신앙이 다른 사람들에게 치유와 복을 가져다준다는 것을 우리에게 가르쳐 줍니다. 성도는 하나님의 치유와 복이 이 세상으로 흘러 들어오도록 하는 통로입니다. 하나님을 신뢰하는 사람들은 다른 사람들의 치유를 위해 하나님과 인간 사이에서 중재하게 되어 있습니다. 우리는 우리가 사랑하는 사람들이 누릴 풍성한 영적 혜택을 생각하며 기도해야 합니다. 우리의 중보기도는 우리가 기도하는 사람을 살립니다.

### 4. 겸손한 믿음

이방 여인은 믿음과 겸손의 관계를 잘 보여줍니다. 그녀의 겸손한 성품을 보고 예수님은 감탄하셨습니다. 그리고 그녀의 진정한 믿음을 칭찬하셨습니다. 위대한 믿음은 하나님께 온전히 의존하는 것입니다. 여기서 의존이란 내가 할 일을 하지 않으며 상대에게 기대는 무책임이나 게으름을 뜻하는 게 아닙니다.

하나님을 향한 온전한 신뢰를 말합니다. 인간은 하나님을 의존하여 하나님 아랫 자리에 서는 것으로써 하나님께서 나를 위해 마음껏 일하시도록 해야 합니다.

### 5. 큰 믿음

수로보니게 여인에겐 치유를 가져오는 큰 믿음이 있었습니다. 이 여인은 불의한 재판관을 좇던 여인을 떠올리게 합니다. 우리는 치유를 위해 항상 기도하고, 기도하는 일을 절대 포기하지 말아야 합니다(눅 18:1).

### 6. 결국 최고의 말씀을 들음

여인은 결국 예수님을 찾아온 목적을 달성합니다. 가장 듣고 싶었던 말을 들은 것입니다. "돌아가라 귀신이 네 딸에게서 나갔느니라"(막 7:29). 인생 최고의 말씀이었을 것입니다. 주님을 찾아오는 인생들은 언제나 주님께 최고의 말씀을 들을 수 있습니다.

 기도

주님, 이방 여인이 지녔던 믿음으로 주님을 바라봅니다.
저희에게 당신의 치유를 행하시옵소서!

요점 정리

1. 이방 여인이 지닌 믿음은 구원과 치유에서 제외되거나 구원과 치유의 우선순위에서 밀렸어야 할 그의 딸이 고침을 얻게 했다.

2. 그녀가 지녔던 믿음의 내용은 '①뛰어난 영적인 통찰력, ②끈질긴 간구, ③중보기도, ④겸손한 믿음, ⑤큰 믿음, ⑥결국 최고의 말씀을 들음'이다.

삶의 치유와 회복을 위한
HEALING TALK

# 10 하나님이 고치시는 것

본문말씀 **시편 103:1-5**

 ## 마음 열기

하나님의 치유는 '전인(全人) 치유'입니다. 하나님의 치유는 나란 존재의 모든 영역을 다룹니다. '전인(全人) 치유'란 무엇일까요?

### ✤ 예배 인도 순서

| | |
|---|---|
| **사도신경** | 다 같이 |
| **찬 송** | 300장(통 406) |
| **기 도** | 회원 중 |
| **본문 말씀** | 시 103:1-5 |
| **헌금 찬송** | 434장(통 491) |
| **헌금 기도** | 회원 중 |
| **주기도문** | 다 같이 |

## 📖 말씀 나누기

하나님의 치유는 성경에만 나오는 과거의 사건이 아닙니다. 각종 병자를 고치셨던 성육신 하나님 예수 그리스도는 오늘날에도 치유하고 계십니다. 하나님의 치유는 현재에도 일어나는 사건입니다. 하나님은 우리가 하나님을 신뢰하고 의지하는 행위로서 치유를 위해 기도하기를 바라십니다. 하나님은 우리를 어떻게 치유하십니까?

### 1. 하나님은 모든 것, 모든 방법을 사용하여 치유하십니다

사람들은 치유를 의학이 발전한 결과라 생각합니다. 그러나 치유의 근원과 시작은 하나님입니다. 모든 것들이 하나님에게서 나왔습니다. 하나님이 사용하시면 모든 것들이 치유의 도구가 됩니다. 하나님은 의학적 치료, 자연 요법, 기도 등 모든 것을 사용해 치유하십니다. 문제는 "지금 그것이 치유하시는 하나님의 손에 들렸는가?"입니다. 우리는 하나님이 치유에 사용하시는 모든 것과 방법에 열려 있어야 합니다.

### 2. 하나님은 죄로 인한 질병을 고치십니다

모든 병이 죄 때문은 아니지만, 분명 죄가 원인인 질병도 있습니다. 하나님은 죄를 깨끗하게 하심으로써 우리의 질병을 고치십니다(사 53:5). 이사야서 53:5을 보면 예수님이 우리를 죄에서 깨끗하게 하시기 위해 우리 대신 받으실 고난에 대한 예언은 과거형으로 기록되었습니다. 그러나 치유되는 우리의 상태는 현재 시제로 선언되어 있습니다. 인간의 그 무엇으로도 고칠 수 없는 우리의 죄가 이미 해결되었다는 뜻입니다. 하나님이 이미 질병의 원인인 죄를 치유하셨다는 것을 믿고 찬양하십시오.

### 3. 하나님은 병든 자아를 치유하십니다

거듭난 뒤에도 우리에겐 여전히 치유되어야 할 자아의 질병이 있습니다(롬 7:18). 거듭난 뒤에도 죄와 육과의 고단한 싸움, 거기서 오는 질병은 계속됩니다. 그리스도 안에 있으면(갈 2:20) 하나님은 우리의 병든 자아를 온전하게 치유하십니다.

### 4. 하나님은 상한 감정을 치유하십니다

정신적 상처가 신체적 상해나 질병보다 더 깊고 더 고통스러울 수 있습니다. 상한 감정은 수술이나 약물만으로는 치유할 수 없는 경우가 많습니다. 그러나 인간의 감정을 설계하시고 만드신 하나님은 인간의 상한 감정을 치유하실 수 있습니다(시 147:3). 우리를 긍휼히 여기시는 하나님을 믿고 은혜 보좌 앞에 담대히 나갈 때 우리는 상한 감정까지 치유하시는 하나님을 만날 수 있습니다(히

4:15-16).

## 5. 하나님은 우리의 영을 치유하십니다

잘못된 신앙생활은 우리의 영을 파괴합니다. 오늘날 많은 사람이 이단이나 사이비 종교에 빠져 영적 질병을 크게 앓고 있습니다. 복음주의 교회 안에도 영적 질병을 앓으며 비뚤어진 신앙으로 사는 사람들이 있습니다. 이런 사람들은 영이 치유되어야 건강한 삶으로 돌아올 수 있는데, 영을 치유하실 분은 하나님밖에 없습니다. 창조주 하나님은 영이 병든 사람들을 고치실 수 있습니다(시 139:23-24).

## 6. 하나님은 과거의 상처를 치유하십니다

시간이 흘러도 어떤 상처들은 전혀 치유되지 않습니다. 그런 상처들은 상처가 생겼던 시간까지 치유되어야 하기 때문입니다. 과거에 머물러 있는 상처들이 우리의 현재까지 아프게 지배합니다. 전능하신 하나님은 과거의 상처를 치유하심으로 현재의 상처까지 고치십니다. 하나님은 이미 우리의 죄를 용서하셨습니다(시 103:12). 상처로 가득한 나의 과거는 이미 지나갔고, 그리스도 안에서 나는 지금 새롭습니다(고후 5:17). 우리가 하나님을 신뢰하고, 다른 사람을 용서하며, 그분의 빛 가운데 행하는 삶(요일 1:7)을 살 때, 우리는 나의 과거와 거기에 머물러 있는 상처까지 치유하시는 하나님을 경험합니다.

 기도

지금도 치유하고 계시는 주님! 우리의 전인(全人)을, 내 삶의 전부를 고쳐 주시옵소서.

요점 정리

1. 각종 병자를 치유하셨던 하나님은 지금도 치유하고 계신다.

2. 하나님은 "①모든 것, 모든 방법을 사용하여 치유하신다, ②죄로 인한 질병도 고치신다, ③병든 자아를 치유하신다, ④상한 감정을 치유하신다, ⑤우리의 영을 치유하신다, ⑥과거의 상처를 치유하신다."

살의 치유와 회복을 위한
HEALING TALK

# 11 치유를 붙잡아라!

본문말씀 **잠언 4:20-22**

 **마음 열기**

성경은 하나님의 약속 모음입니다. '성경은 하나님의 약속'이라는 사실은 내게 무슨 의미입니까?

## ❋ 예배 인도 순서

| | |
|---|---|
| 사도신경 | 다 같이 |
| 찬 송 | 452장(통 505) |
| 기 도 | 회원 중 |
| 본문 말씀 | 잠 4:20-22 |
| 헌금 찬송 | 447장(통 448) |
| 헌금 기도 | 회원 중 |
| 주기도문 | 다 같이 |

📖 **말씀 나누기**

치유의 주체는 내가 아닙니다. 하나님이십니다. 치유는 주님에게 문제가 아닙니다. 문제는 우리에게 있습니다. 치유에서 우리가 할 일은 하나님이 내게 주시는 치유를 '붙잡는 일'입니다. 하나님은 우리에게 치유를 약속하셨습니다. 하나님이 하신 치유의 약속을 붙잡는 것이 치유의 비결입니다. 하나님은 우리에게 선택권을 주셨습니다 (신 30:19). 치유가 필요하다면 우리는 치유의 약속을 붙잡는 일을 선택하고 실행해야 합니다(마 11:12). 어떻게 치유의 약속을 붙잡을까요?

### 1. 믿음으로

'믿으라'는 말은 "하나님을 신뢰하고 행동하라.

56 힐링 TALK

하나님이 약속하신 것을 지금 취하라."는 뜻입니다(막 11:24). 믿음은 하나님이 약속하신 것을 지금 여기에서 성취하는 신앙의 행동입니다. 믿음으로 치유를 위해 기도할 때, 치유를 얻습니다. 믿음으로 보이지 않으나 영원한 것을 바라보십시오(고후 4:18). 믿음이 있는 곳에 치유를 주시는 하나님이 계십니다. 하나님의 치유 약속을 믿을 때, 하나님의 초자연적인 치유 능력이 현장에 나타나 질병과 상황을 고칩니다.

## 2. 끈질기게

하나님의 약속과 현실 사이에는 시간의 간격이 있습니다. 이 시간의 틈은 당장은 불필요한 것처럼 보이나, 모든 것이 합력하여 선을 이루게 하시는 하나님 안에서(롬 8:28) 결국 나의 성장을 돕습니다. 이 시간의 간격을 끈기로 메워야 합니다. 믿음이 끈기와 결합할 때, 질병을 이기고 모든 삶에서 승리할 수 있습니다.

## 3. 말씀으로

잠언 4:22에서 '건강'으로 번역된 히브리어는 '약'을 의미합니다. 치유의 말씀은 당신을 몸을 위한 하나님의 약입니다. 매일 약을 먹어 치유를 경험하십시오. 완전한 치유를 얻는 데 시간이 걸리더라도 포기하지 마십시오. 치유를 영적 영역에서 내 몸의 영역으로 가져갈 수 있을 만큼 신앙이 강해질 때까지 치유의 말씀을 계속해서 먹어야 합니다. 여러분의 상황에 적용되는 성구를 찾아 그 약속을 붙잡고 여러분의 삶에 적용하십시오(롬 10:7).

## 4. 믿음의 말로

사람은 마음에 가득한 것을 입으로 말합니다(마 12:34). 우리는 말로 하나님의 능력이 역사하는 문을 열거나 닫습니다. 마귀가 들어오는 문을 열거나 닫기도 합니다. 믿음은 들음에서 나며, 말로 표현됩니다. 믿음은 당신의 말로써 풀어집니다. 원하지 않는 말을 하는 자신을 발견했다면 회개하고 말을 바꾸십시오. 당신이 성취하고 싶은 것만 말하세요. 하나님의 말씀에 근거하여 확신 있게 말하십시오(막 11:23).

## 5. 믿음의 행동으로

우리는 듣기만 하는 자가 아니라 말씀대로 행동하는 자가 되어야 합니다(약 1:22). 신앙에서 '들음'은 '행동'과 동의어입니다. 하나님은 광야에 있던 백성들에게 "약속을 성취하기 위해 행동하라."고 말씀하셨습니다(신 8:1). 하나님이 이스라엘 자손에게 하신 말씀은 현대를 사는 우리에게도 적용됩니다. 치유에 대한 말씀을 들었습니까? 이제는 말로 선포하고, 믿음으로 행동을 보이십시오. 건강해질 것입니다.

─기도 ─

제게 치유를 주실 하나님을 믿습니다. 하나님이 제게 주시는 치유를 붙잡게 해 주시옵소서.

🕇 요점 정리

1. 치유는 주체는 하나님이시다. 우리가 할 일은 하나님이 내게 주시는 치유를 붙잡는 일이다.

2. '①믿음으로, ②끈질기게, ③말씀으로, ④믿음의 말로, ⑤믿음의 행동으로' 하나님이 내게 주시는 치유를 붙잡아라.

삶의 치유와 회복을 위한
HEALING TALK

# 12 치유가 늦을 때

**본문말씀** 이사야 55:6-9

## 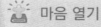 마음 열기

하나님께 간절히 치유를 구했는데도 치유가 늦을 때가 있습니다. 그때 우리에게는 어떤 마음과 감정이 일어납니까?

### 🎋 예배 인도 순서

| | |
|---|---|
| 사도신경 | 다 같이 |
| 찬　　송 | 442장(통 499) |
| 기　　도 | 회원 중 |
| 본문 말씀 | 사 55:6-9 |
| 헌금 찬송 | 95장(통 82) |
| 헌금 기도 | 회원 중 |
| 주기도문 | 다 같이 |

## 📖 말씀 나누기

하나님은 왜 우리가 간구할 때 즉시 우리를 치유하지 않으실까요? 우리는 멀리 보지 못하는 존재인지라 실제로 필요한 것의 일부, 그분이 주시고자 하는 것의 지극히 일부만을 구하기 때문입니다. 하나님은 우리에게 가장 필요한 것을 우리가 구하는 것 이상으로 주시기를 바라십니다. 하나님은 좋으시고 선하십니다. 항상 올바른 방식으로 일하십니다. 그래서 우리는 치유가 더디 올 때도 낙심하지 말고 치유하시는 하나님을 붙들어야 합니다. 치유가 더디 올 때 우리가 기억해야 할 사실이 있습니다.

### 1. 하나님은 좋은 분입니다

하나님은 우리가 어려울 때 피할 수 있는 분입니다(시 31:19, 34:8). 좋으신 하나님은 우리가 만나고자 할 때 우리를 만나주십니다(사 55:6).

### 2. 하나님은 우리를 다정하게 돌보십니다

하나님은 마음이 상한 우리와 함께 계시며, 우리를 다정하게 돌보십니다(시 34:18). 그래서 우리에겐 부족함이 없습니다(시23:1).

### 3. 하나님의 타이밍은 완벽합니다

하나님은 늘 내게 선을 행하기를 바라십니다(애 3:25). 하나님은 우리를 위한 계획을 세우신 분입니다. 하나님은 날 위해 언제 그 계획을 실행해야 할지 누구보다 가장 잘 아십니다(전 3:11). 내 생각과는 달라도 언제나 하나님의 타이밍은 완벽합니다. 하나님의 때가 치유가 일어날 최적기입니다.

### 4. 하나님의 말씀은 진리입니다

하나님의 말씀은 진리입니다. 이미 성취되었고, 앞으로 반드시 성취될 사실입니다. 진리인 하나님의 말씀은 우리가 예수님의 상처로 나음을 입었다고 선언합니다(사 53:4-5). 하나님이 고치실 것이라고 약속합니다(렘 30:17). 우리가 치유를 보지 못한다고 해서 하나님이 일하지 않으시는 것은 아닙니다. 하나님은 항상 일하고 계시며, 종종 하나님의 일은 뒤에 이루어집니다. 진리인 하나님의 말씀이 우리의 치유를 약속하고 계십니다.

### 5. 하나님은 때로 나쁜 상황을 사용하십니다

하나님 안에 나쁜 상황이란 없습니다. 눈앞에 벌어지는 있는 그대로의 상황이 있을 뿐입니다. 하나님의 손에 들리는 모든 것은 선이 됩니다(창 50:20; 롬 8:28). 우리 생각과 하나님의 생각은 다릅니다. 상황이 나쁘다고 포기하거나 실망할 필요는 없습니다(사 55:8).

## 6. 하나님의 뜻에 우선순위를 두어야 합니다

불안과 두려움, 절망에 휩싸이면 우리는 해야 할 일을 하지 않고 하지 말아야 할 일을 합니다. 모든 것이 뒤섞이며 혼란은 더 커집니다. 그러나 우리가 하나님의 나라와 그 의를 먼저 구하면 모든 것이 제자리를 찾기 시작합니다(마 6:33). 새로운 질서가 치유란 결과를 만들어 냅니다.

## 7. 하나님은 우리가 더욱 하나님을 가까이하길 원하십니다

하나님은 우리가 더욱 하나님을 가까이하기를 바라십니다(약 4:8). 하나님과 가까울 때, 우리는 그분이 시작하신 일을 우리 안에서 이루신다는 것을 확실히 믿을 수 있기 때문입니다(빌 1:6; 히 11:6).

## 8. 하나님께 불가능한 것은 없습니다

내게는 불가능할 것처럼 보이는 상황은 하나님의 전능하심이 드러날 순간입니다(렘 32:27; 마 19:26). 불가능한 상황 속으로 전능하신 하나님이 나를 찾아오십니다.

## 9. 하나님은 신실하십니다

하나님이 하신 말씀 중 헛된 것은 없습니다(사 55:11). 하나님을 신뢰하면 우리는 하나님의 선하심을 보게 됩니다(시 27:13). 하나님은 신실하십니다. 자신 있고 담대하게 하나님을 신뢰한다고 외치십시오.

기도

주님, 언제나 최고의 것을 최적의 때에 주시는 하나님을 신뢰합니다. 이 신뢰로 하나님의 치유가 늦을 때도 낙심하지 않고 주님을 바라보며 살겠습니다.

✝ 요점 정리

1. 하나님이 우리를 즉시 치유하지 않으시는 이유는 우리에게 가장 필요한 것, 우리가 구하는 것 이상으로 우리에게 주시려 하시기 때문이다.

2. 하나님의 치유가 더디 올 때 낙심하지 말라. ①하나님은 좋은 분이다, ②하나님은 우리를 다정하게 돌보신다, ③하나님의 타이밍은 완벽하다, ④하나님의 말씀은 진리다, ⑤하나님은 때로 나쁜 상황을 사용하신다, ⑥하나님의 뜻에 우선순위를 두라, ⑦하나님은 우리가 더욱 하나님을 가까이하기를 원하신다, ⑧하나님은 신실하시다. 이 진리를 기억하고, 낙심하지 말고 기도하라.

삶의 치유와 회복을 위한
HEALING TALK

# 13  치유가 일어나는 이유

본문말씀 **이사야 54:4-5**

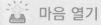

## 마음 열기

하나님은 우리를 치유하시는 이유는 무엇일까요?

### ✿ 예배 인도 순서

사도신경    다 같이
찬    송    279장(통 337)
기    도    회원 중
본문 말씀    사 54:4–5
헌금 찬송    211장(통 346)
헌금 기도    회원 중
주기도문    다 같이

## 📖 말씀 나누기

하나님은 말씀하십니다. "나는 너를 치료하는 여호와다(출 15:26)." 하나님은 우리를 치유하기를 원하십니다. 그러면 왜 하나님은 우리를 치유하실까요?

### 1. 우리를 향한 긍휼 때문입니다

한 나병환자가 예수님께 와서 치유를 요청했습니다(막 1:40). 예수님은 즉시 그의 나병을 깨끗하게 해 주셨습니다. 그를 불쌍히 여기셨기 때문입니다(막 1:41). 우리를 향해 조건 없이 쏟아지는 하나님의 긍휼, 우리에게 치유가 일어나는 가장 큰 이유입니다.

## 2. 우리가 하나님의 자녀이기 때문입니다

예수님은 두로 지역에서 이방인 수로보니게 여인의 어린 딸을 치유하셨습니다. 이방인도 치유하시는데, 하나님의 자녀들은 당연히 치유라는 기적을 경험하지 않겠습니까?

## 3. 하나님께 영광을 돌리기 위해서입니다

예수님께 고침을 받았던 사람들은 치유 받은 뒤 하나님께 영광을 돌렸습니다(마 9:8, 15:30-31). 인간의 힘으로는 이런 일이 일어날 수 없다는 것을 깨달았기 때문입니다. 치유가 일어나는 목적은 우리가 하나님을 알게 되고, 하나님께 영광을 돌리게 하기 위해서입니다.

## 4. 하나님의 약속을 성취하기 위해서입니다

하나님이 구약에서 선지자 이사야의 예언으로 하신 치유의 약속은 예수님을 통해 이루어졌습니다(마 8:16-17). 예수님은 하나님의 약속을 성취하시기 위해 십자가에서 우리의 질병과 연약함을 담당하셨습니다.

## 5. 예수님 자신의 약 속 때문입니다

예수님은 인간에게 풍성한 생명을 주러 온 자신의 사명을 분명히 알고 계셨습니다(요 10:10). 그 생명은 우리에게 주신 영생의 약속입니다(요 10:28). 예수님이 약속하신 영생에는 미래의 삶뿐 아니라 현세의 치유도 포함되어 있습니다.

## 6. 우리를 구원하는 십자가의 능력을 드러내시기 위해서입니다

예수님의 상처는 우리의 치유가 되었고, 예수님의 고난은 우리의 구원이 되었습니다(사 54:5). 예수님은 십자가를 지심으로써 우리의 고통을 짊어지셨습니다. 예수님이 지셨던 십자가의 능력으로 우리는 구원받고 치유를 얻습니다. 이 세상에서 우리를 구원하는 것은 오직 십자가를 통해 드러나는 하나님의 능력입니다.

7. 우리가 사탄을 이겼다는 증거를 우리에게 주시기 위해서입니다

승리자이신 예수님은 마귀에게 눌린 사람을 고치심으로써 예수님을 따르는 우리도 사탄을 이기는 승리자임을 증명하셨습니다(행 10:38). 하나님이 주시는 치유를 통해 우리는 내가 죽음의 권세를 이긴 예수님과 더불어 죽음을 이긴 승리자임을 알게 됩니다. 내가 승리자임을 알 때, 우리의 삶에서 치유가 일어납니다.

—기도

주님은 우리를 치료하시는 분이십니다. 질병과 상처로 고통스러울 때, 치료하시는 하나님을 바라보게 해 주시옵소서.

## ✚ 요점 정리

1. 하나님은 우리를 치료하시는 분입니다(출 15:26).

2. 하나님이 우리를 치유하시는 이유는 '①우리를 향한 긍휼 때문이고, ②우리가 하나님의 자녀이기 때문이며, ③하나님께 영광을 돌리게 하시기 위해서이고, ④하나님의 약속을 성취하시기 위해서이며, ⑤예수님 자신의 약속 때문이고, ⑥우리를 구원하는 십자가의 능력을 드러내시기 위해서이며, ⑦우리가 사탄을 이겼다는 증거를 우리에게 주시기 위해서이다.'

삶의 치유와 회복을 위한
HEALING TALK

# 14 치유를 위해 기도하라!

본문말씀 **고린도전서 12:7, 9**

 마음 열기

교회는 하나님의 치유를 경험하고 선포할 사명이 있는 치유 공동체입니다. 이 말은 구체적으로 무슨 뜻이라고 생각합니까?

## ✤ 예배 인도 순서

| | |
|---|---|
| 사도신경 | 다 같이 |
| 찬 송 | 426장(통 215) |
| 기 도 | 회원 중 |
| 본문 말씀 | 고전 12:7, 9 |
| 헌금 찬송 | 496장(통 260) |
| 헌금 기도 | 회원 중 |
| 주기도문 | 다 같이 |

## 📖 말씀 나누기

오늘날 교회는 치유를 위해 기도해야 합니다. 성령님은 당신의 뜻에 따라 성도에게 치유의 은사(병 고치는 은사)를 주시기 때문입니다(고전 12:9; 히 2:4). 하나님이 치유의 은사를 주시는 까닭은 하나님을 영화롭게 하고, 하나님을 강하게 신뢰하게 하며, 하나님이 주신 복음을 믿도록 하기 위해서입니다. 치유는 한 개인의 유익을 위해 일어나는 사건이면서, 교회의 공익을 위해 일어나는 사건입니다(고전 12:7). 치유에는 공적 영역도 포함되어 있습니다. 교회는 공적 유익을 위해 성도들 아픔을 위해 기도할 사명이 있습니다. 이 사명을 어떻게 감당할까요?

## 1. 희망을 품고 기도합시다

환자가 어떤 상태인지 구체적으로 알 필요가 없습니다. 환자의 상태는 병원에서 알고, 하나님이 아시면 그만입니다. 교회는 단지 환자가 치유된다는 분명한 확신으로 기도하면 됩니다. 이미 환자의 상황이 끝났다는 말을 듣게 될 수도 있습니다. 그러나 관뚜껑이 덮이기 전까지 포기하지 말고 기도해야 합니다.

## 2. 정확하게 기도합시다

환자에게 기도 부탁을 들으면 곧장 "내가 기도할게."라면서 덤비는 사람이 있습니다. 물론 그런 말을 들으면 힘이 납니다. 그러나 기도할 때 정확하게 기도해야 합니다. 정확한 기도는 환자를 향한 우리의 섬세한 사랑 표현입니다. 섬세한 사랑 표현이 환자에게 힘을 주고 위로를 줍니다. 주의를 기울여 환자의 아픔을 가슴으로 들으십시오. 그런 뒤에 그의 치유를 위해 기도하십시오. 필요한 경우 메모하거나 기도하기 전에 다시 환자의 필요를 물어도 됩니다.

## 3. 환자와 함께 기도합시다

'함께'의 가치에 주목합시다. 환자와 함께하는 기도는 환자의 아픔에 동참하여 이를 반으로 나누는 일이며, 그와 함께 치유란 승리를 향해 걸어가는 일입니다. 환자와 '함께' 기도하십시오. '함께' 기도하면서 그 기도를 통로로 다가오는 하나님의 치유를 마중 나가십시오.

## 4. 아픈 사람의 입장이 되어 기도합시다

환자는 여러모로 예민합니다. 그에게는 모든 것이 귀찮기만 합니다. 심지어 기도조차 싫을 때가 있습니다. 믿음이 없어서가 아닙니다. 너무 아파서 자기감정 외에는 집중할 힘이 남아있지 않기 때문입니다. 이런 환자의 심리를 이해하고 기도해 주어야 합니다.

## 5. 여러 번 자주 기도합시다

하나님께서는 단 한 번의 기도로도 치유의 역사를 일으키실 수 있습니다. 그러나 때로는 환자를 훈련하시기 위해 당장 고치지 않으실 때도 많습니다. 그래서 환자는 실망에 빠질 때가 많습니다. 그가 다시 일어서 치유의 희망을 품도록 여러 번 자주 기도해야 합니다.

## 6. 방해를 극복하고 기도합시다

치유 기도를 한 뒤에 도리어 환자의 상태가 나빠지는 경우가 있습니다. 치유는 영적 전쟁이기에 사탄이 온갖 수단을 써서 방해하기 때문입니다. 전도할 때와 마찬가지로 사탄은 할 수만 있으면 치유를 방해합니다. 그래서 환자를 위해 기도하다 보면 회의감이 들 수 있고, 칭찬은커녕 비난받을 수도 있습니다. 낙담이 되는 때는 얼마나 많은지요. 그러나 멈추지 말고 기도해야 합니다. 치유의 돌파구를 찾을 때까지 계속 전진하십시오.

기도

주님, 타인과 세상의 치유를 위해 기도하는 성도, 교회의 사명을 감당하게 해 주소서.

요점 정리

1. 치유는 한 개인을 위해 일어나는 사건이면서, 교회의 공익을 위해서 일어나는 사건이기도 하다. 교회는 공적 유익을 위해 성도들의 치유를 위해 기도할 사명이 있다.

2. ①희망을 품고 기도하며, ②정확하게 기도하고, ③환자와 함께 기도하고, ④아픈 사람의 입장이 되어 기도하며, ⑤여러 번 자주 기도하고, ⑥방해를 극복하고 기도하라. 이렇게 성도들의 치유를 위해 기도해야 하는 사명을 감당하라.

삶의 치유와 회복을 위한
HEALING TALK

# 15 하나님의 치유

본문말씀 **시편 103:1-5**

## 🔔 마음 열기

내가 삶 속에서 '여호와 라파의 하나님(치료하시는 하나님)'을 만났던 경험에는 어떤 일들이 있습니까?

### ✿ 예배 인도 순서

| | |
|---|---|
| 사도신경 | 다 같이 |
| 찬 송 | 364장(통 482) |
| 기 도 | 회원 중 |
| 본문 말씀 | 시 103:1-5 |
| 헌금 찬송 | 354장(통 394) |
| 헌금 기도 | 회원 중 |
| 주기도문 | 다 같이 |

## 📖 말씀 나누기

예수님이 십자가에서 행하신 속죄의 결과 우리는 영생 외에 다른 혜택도 받게 되었습니다. 바로 치유입니다(시 103:2-3). 치유는 그리스도가 행하신 속죄의 한 부분입니다. 예수님은 우리를 구원하셨을 뿐만 아니라 스스로 당하신 고난으로 우리의 치유도 확보하셨습니다. 우리의 치유는 주님이 고난받으신 이유 가운데 하나이며, 치유는 구원과 불가분의 관계 안에 있습니다. 나를 구원하는 것만큼이나 나를 치유하는 것도 하나님의 뜻입니다. 주님은 모든 사람이 구원받기를 원하시는데(벧후 3:9), 이는 모든 사람이 치유되기를 원하신다는 말이기도 합니다.

구약에는 하나님의 이름이 많이 나오는데, 그

중 하나가 '여호와 라파'입니다. 하나님은 내 백성인 너희를 치료하시는 분입니다(출 15:26). 신약의 예수님은 이 땅에서 일하실 때 치유를 위해 자신에게 다가온 사람을 외면하거나 치유가 자기의 뜻이 아니라고 말씀하신 적이 없습니다(마 8:2-3). 하나님은 성경 전체에서 치유하시는 분으로 나오십니다.

자, 우리가 만나야 할 하나님의 이름은 '여호와 라파'입니다. 우리의 삶 속에서 우리는 어떻게 치료하시는 하나님을 만나야 할까요?

## 1. 하나님께 복종하십시오

치유는 하나님의 뜻입니다. 치유에 방해되는 것들을 모두 치워야 합니다. 자백하지 않은 죄, 불순종, 불신앙, 다른 사람을 용서하지 않는 것 등은 치유를 받는 데 방해가 됩니다. 내 죄를 자백함으로써 하나님께 복종해야 합니다. 죄의 자백은 인간이 하나님께 할 수 있는 최고의 복종입니다. 겸손히 주님 앞에 나가 내 죄를 내어 맡기고, 주님께 가까이 나아가는 시간을 가지는 것으로 하나님께 복종하십시오.

## 2. 하나님의 말씀을 주목하십시오

성경에 있는 치유의 약속을 끊임없이 읽고 묵상하십시오. 그 말씀이 당신의 속사람 안에 완전하게 흡수될 때, 당신은 치유를 확신하게 될 것입니다(잠 4:20-22). 하나님의 말씀에 주목하십시오. 영원한 하나님의 말씀에 초점을 맞추면 치유를 경험할 수 있습니다(시편 107:20).

## 3. 믿음으로 기도하십시오

예수님은 이미 십자가에서 치유에 대한 값을 치르셨습니다. 믿음으로 치유의 기적을 받아들일 때, 치유는 내 것이 됩니다(막 11:24).

## 4. 교회에 알려 함께 기도하십시오

교회에 알려 목사님에게 믿음의 기도를 부탁하십시오(약 5:14-15). 믿음의 기도가 병자를 구할 것이라고 되어 있음을 주목하십시오. 목사님이나 믿을만한 다른 성도들에게 치유를 기도해 달라고 부탁하십시오. 약속된 치유를 지금 내게 일어나는 사건으로 만들어 내십시오(막 16:18).

## 5. 믿음을 유지하십시오

치유를 받기 위해서는 믿음을 유지하는 일을 멈추지 말아야 합니다. 믿음을 유지하지 못하는 일은 사람들이 치유를 받지 못하는 가장 흔한 이유이기도 합니다. 치유 받지 못하는 사람들은 쉽게 낙심하고 믿음을 포기합니다. 나아만 장군(왕하 5:1-27)은 실망하여 치유를 포기하려 했었습니다. 하지만 믿음을 유지하며 인내하고 순종하여 고침을 받았습니다. 환자들 대부분은 즉각적인 치유를 선호합니다. 그러나 대부분의 치유는 시간이 지나면서 점진적으로 일어납니다. 인내하고 믿음을 굳건히 하십시오. 응답받을 때까지 계속해서 하나님께 찬양과 감사를 드려야 합니다. 신실하신 하나님이 나를 반드시 고쳐 주십니다.

기도

주님, 내 삶에서 치유하는 하나님을 만나는 은혜를 주시옵소서.

요점 정리

1. 우리가 만날 하나님은 치유의 하나님 '여호와 라파(출 15:26)'다. 성경 전체에서 하나님은 치유하는 분으로 나온다.

2. 삶에서 치유하는 하나님을 만나기를 원한다면, ①하나님께 복종하라, ②하나님을 주목하라, ③믿음으로 기도하라, ④교회에 알려 함께 기도하라, ⑤믿음을 유지하라!

삶의 치유와 회복을 위한
HEALING TALK

# 16 하나님께서 사용하시는 치유 방법

본문말씀 **요한일서 5:14-15**

 **마음 열기**

치유는 속죄와 구원의 한 부분이라는 말은 무슨 뜻일까요?

## 🌸 예배 인도 순서

| | |
|---|---|
| 사도신경 | 다 같이 |
| 찬 송 | 160장(통 150) |
| 기 도 | 회원 중 |
| 본문 말씀 | 요일 5:14–15 |
| 헌금 찬송 | 357장(통 397) |
| 헌금 기도 | 회원 중 |
| 주기도문 | 다 같이 |

## 📖 말씀 나누기

우리 하나님의 이름은 '여호와 라파(출 15:28)' 입니다. 예수님이 십자가에 못 박히셨을 때, 우리의 죄와 질병도 같이 못 박혔습니다(마 8:16-17). 그 순간 우리의 치유는 속죄의 한 부분이 되어 우리에게 선물로 주어졌습니다.

치유에는 세 가지가 있습니다. 충분한 휴식과 적절한 영양 공급, 운동을 통해 오는 자연치유, 수술하거나 약을 통한 의학적 치유, 초자연적 치유가 그것입니다. 하나님은 이 모든 치유를 사용하시지만, 특히 초자연적인 치유는 하나님께서 마귀의 권세를 깨뜨릴 때 오는 치유입니다. 질병과 질병을 일으키는 마귀의 모든 권세를 깨뜨리기 위해서는 하나님의 초자연적인 능력이 필요합니다(눅 13:16).

다양한 방법으로 치유하시는 하나님을 기억합시다. 그리고 우리도 성경을 따라 다양한 방법으로 치유를 시도해 봅시다. 우리가 시도해야 할 치유의 방법은 무엇일까요?

### 1. 예수님의 이름으로 기도하는 일입니다

"예수님의 이름으로 기도한다."는 말은 "하나님의 권세를 위임받은 대리인으로서 기도한다."는 말입니다(요 16:23). 예수님의 이름에는 능력이 있습니다. 예수님의 이름을 사용하는 거기에는 구원이 있고, 치유가 있습니다. 예수님의 이름으로 치유를 기도하십시오.

### 2. 안수하는 일입니다

성경에는 하나님의 사람들이 안수할 때 일어나는 기적들로 가득합니다. 하나님은 당신을 의지하는 사람의 손을 통해 복을 베푸시고, 기적을 일으키시며, 병자를 치유하십니다. 아버지 하나님께서 아들인 자기의 손에 만물을 다 주신 것을 아셨던 예수님은(요 3:35) 그 손으로 하나님의 능력을 나타내는 많은 능력을 행하셨습니다. 그래서 겟세마네 동산에 예수님을 잡으러 온 군인들이 가장 먼저 한 일은 능력을 행하는 예수님의 손을 묶는 일이었습니다. 하나님을 나타내는 능력이 예수님을 믿는 우리의 손에도 있습니다. 안수는 지금을 위한 것입니다. 안수를 통해 완전한 데로 나아가십시오(히 6:2). 손을 얹고 기도합시다. 하나님은 우리의 손을 통해 기적과 치유를 일으키십니다. 우리는 믿는 자로서 안수하는 권세를 가지고 있습니다!

### 3. 악한 영을 쫓아내는 일입니다

모든 병의 원인이 귀신 때문은 아닙니다. 그러나 분명 사탄의 권세 아래 있는 악한 영이 병의 원인일 때도 있습니다. 예수님은 눈멂, 병약함, 정신 이상, 경련,

중풍 등의 원인이 되는 귀신을 쫓아내는 일에 사역의 3분의 1을 사용하셨습니다. 그럼으로써 하나님의 통치를 드러내셨습니다. 마귀는 예수 그리스도의 권세로 내쫓깁니다. 어떤 경우에는 마귀를 쫓아내는 것이 치유 받는 방법입니다.

### 4. 합심하여 기도하는 일입니다

합심 기도의 힘은 엄청납니다(마 18:19). 그래서 우리의 대적들은 우리가 합심하여 기도하지 않도록 최선을 다해 방해합니다. 마귀는 성도들의 합심 기도를 두려워합니다. 합심 기도의 권위, 합심 기도의 능력을 마귀는 잘 알고 있습니다. 그래서 더욱 성도들은 이 방법을 놓치지 말아야 합니다.

### 5. 말씀을 듣고, 말씀대로 기도하는 일입니다

우리가 질병과 싸울 때 들어야 할 말은 인터넷에 떠도는 정보가 아닙니다. 친구들이나 가족들의 말이 아닙니다. 심지어 의사의 말도 아닙니다. 그런 것들보다 더 신뢰할 것이 성경입니다. 치유를 위해 말씀을 듣고, 말씀대로 기도하십시오(잠 4:20-22).

 기도

주님은 '여호와 라파'이십니다. 주님이 치유하실 것을 믿으며, 치유를 위해 행동하게 해 주옵소서.

요점 정리

1. 우리의 치유는 하나님이 우리에게 선물로 주시는 속죄와 구원 중의 일부다. 치유에는 자연치유, 의학적 치유, 초자연적 치유가 있다. 하나님은 다양한 방법으로 우리를 치유하신다.

2. 우리가 성경을 따라 시도해야 할 치유의 방법은 '①예수의 이름을 기도하기, ②안수하기, ③악한 영을 쫓아내기, ④합심하여 기도하기, ⑤말씀을 듣고 말씀대로 기도하기'다.

삶의 치유와 회복을 위한
HEALING TALK

# 17  느린 치유방법

본문말씀 **로마서 5:3-5**

 **마음 열기**

내가 당신의 자녀를 사랑하는 전능한 하나님이라고 가정해 봅시다. 내가 자녀의 치유를 늦추고 있다면, 그 이유는 무엇일까요?

## ❀ 예배 인도 순서

| | |
|---|---|
| 사도신경 | 다 같이 |
| 찬　　송 | 324장(통 360) |
| 기　　도 | 회원 중 |
| 본문 말씀 | 롬 5:3–5 |
| 헌금 찬송 | 286장(통 218) |
| 헌금 기도 | 회원 중 |
| 주기도문 | 다 같이 |

## 📖 말씀 나누기

천천히 치유되는 것을 좋아하는 사람은 없습니다. 우리는 모두 지금 우리가 겪는 질병에서 신속하게 치유되기를 원합니다. 치유가 늦어지면 우리는 좌절감, 실망감, 화, 낙담의 감정에 사로잡힙니다. 그러나 성도들은 인내하면서 하나님의 치유를 기다릴 수 있어야 합니다. 느리고 더딘 치유에는 그것을 통해 선을 이루시려는 하나님의 섭리가 작용하고 있기 때문입니다.

### 1. 느린 치유는 우리를 겸손하게 합니다

사회에서 존경받는 위치에 있던 용사(왕하 5:1) 나아만은 나병의 치유를 위해 선지자 엘리사를 찾아갑니다. 하지만 엘리사의 치료는 더뎠습니다. 분노한 나아만은 치료를 거부하려 했으나 달리 방법이 없었습니다. 나아만의 부와 높은 사회적 지위도 그의 치유를 도울 수 없었기 때문입니다. 나병의 치료를 위해서는 엘리사의 명령에 순종하여 하나님 앞에 겸손해야만 했습니다. 나아만을 고친 것은 치유하시는 하나님 앞에 엎드리는 겸손이었습니다. 느린 치유는 우리가 진정으로 믿어야 할 것이 무엇이고, 우리 삶의 진정한 주인은 누구인지를 알게 합니다

## 2. 느린 치유는 우리가 더욱 기도하게 만듭니다

기도는 호흡과 같습니다. 기도를 멈추면, 우리의 중심인 영이 죽습니다. 그런데 인간의 본성은 순조로울 때 기도 생활에 게을러지는 것입니다. 하나님은 치유 과정이 더디게 진행되게 만들어 우리를 다시 기도하는 자리로 인도하십니다. 더 기도하게 하십니다. 그렇게 우리의 영을 살리십니다.

## 3. 느린 치유는 일상생활에서 하나님의 은혜를 감사하게 합니다

치유는 단번에 일어나는 사건일 수도 있지만, 대부분은 과정을 거쳐 일어나는 사건입니다. 치유는 일상이라는 시간과 공간을 무대로 오랜 시간, 많은 사람의 도움과 돌봄이 들어가는 사건입니다. 치유란 과정이 일어나는 무대인 일상에는 이를 진행하는 전문가들이 있습니다. 그들 중에는 기독교인도 있고, 비기독교인도 있습니다만 그들은 모두 우리의 상처와 질병을 치료하는 방법을 배우는 일에 오랜 시간을 보낸 전문가들입니다. 우리는 다른 사람들을 도울 수 있도록 지식과 기술을 배우는 일에 오랜 시간 헌신한 사람들(잠 22:29)을 우리 일상에 보내어 우리의 치유과정에 사용하시는 하나님을 찬양해야 합니다. 하나님은 종종 그의 창조 질서에서 기독교인과 비기독교인 모두를 써서 일하십니다. 우리는 일상에서 느린 치유를 경험하며 우리에게 주어지는 일반 은혜를 보고 하나님께 감사하는 법을 배웁니다.

## 4. 느린 치유는 인내라는 영적 열매를 자라게 합니다

누구나 인내란 열매를 맺고 싶지만, 실제로 인내하는 일은 완전히 다릅니다. 치유과정에서는 더욱 그렇습니다. 인간의 몸과 마음은 놀라울 정도로 복잡하기에(시 139:14) 치유과정 역시 복잡할 수밖에 없습니다. 이 과정을 소화하려면 인내가 필수입니다. 요셉의 신앙, 성품, 지도력은 여러 해 동안의 노예 생활과 부당한 투옥 생활을 견디는 과정에서 완성되었습니다. 느린 치유는 우리가 인내를 배우게 하고, 인내는 우리 인생을 성숙하게 합니다.

## 5. 느린 치유는 다른 사람의 아픔을 충분히 경험하게 합니다

성경은 "조언하고 격려함으로써 서로 도우라."고 권면합니다(골 3:16). 이 권면을 따르려면 타인의 아픔에 충분히 공감해야 하는데, 느린 치유 경험이 있는 사람은 긴 치유 여정에 있는 다른 사람들을 잘 도울 수 있습니다. 치유 경험에서 인간이 할 수 있는 감정의 굴곡을 모두 겪어봤기 때문입니다.

## 6. 느린 치유는 우리가 하나님께 집중하게 합니다

더 크게, 더 잘되려는 욕망은 우리를 하나님과 분리합니다. 그러면 삶의 우선 순위가 깨지고, 삶은 분주해집니다. 결국 남는 것은 허무와 죽음뿐입니다. 오랜 기간의 치유 시간은 우리에게 그런 삶이 부질없음을 깨닫게 하고, 하나님께 집중하게 합니다. 조용히 하나님을 바라보며 기대하게 만듭니다. 완전한 치유를 기다리는 시간을 활용하여 하나님께 집중하는 그리스도인으로 살기로 다짐하고, 하나님께 집중하는 일을 훈련하십시오. 현재의 고난은 장차 우리에게 나타날 영광과 비교할 수 없습니다(롬 8:18).

**─기도 ─**

내가 원하는 치료가 느리고 더딜 때, 최고의 것을 최적의 순간에 주시는 주님을 바라보며 기도하게 해 주소서.

**🟤 요점 정리**

1. 느리고 더딘 치유에는 그것을 통해 선을 이루시려는 하나님의 섭리가 작용한다. 느린 치유는 "①우리를 겸손하게 하고, ②우리가 더욱 기도하게 하며, ③일상에서 하나님의 은혜를 감사하게 하고, ④인내라는 영적 열매를 자라게 하며, ⑤다른 사람의 아픔을 충분히 경험하게 하고, ⑥우리가 하나님께 집중하게 한다."

2. 성도는 인내하면서 하나님의 치유를 기다려야 한다.

삶의 치유와 회복을 위한
HEALING TALK

# 18 응답이 있는 치유기도

본문말씀 **예레미야 33:3**

## 🔦 마음 열기

기도는 성도의 의무이자 특권입니다. 왜 기도는 성도의 의무이자 특권이 됩니까?

---

### ✤ 예배 인도 순서

| | |
|---|---|
| **사도신경** | 다 같이 |
| **찬 송** | 179장(통 167) |
| **기 도** | 회원 중 |
| **본문 말씀** | 렘 33:3 |
| **헌금 찬송** | 563장(통 411) |
| **헌금 기도** | 회원 중 |
| **주기도문** | 다 같이 |

### 📖 말씀 나누기

기도는 반드시 응답하겠다는 하나님이 약속의 전제된 행동입니다(렘 33:3). 우리는 어떤 상황에 있더라도 주님을 찾고, 주님께 부르짖어야 합니다. 기도는 매일 주님과 소통하는 주요 수단입니다. 기간이나 범위에 상관없이 모든 기도는 하나님과 관련이 있고 중요합니다(마 7:7-8). 하나님은 언제라도 우리의 기도를 들으실 수 있습니다(마 6:6). 우리는 어떤 상황에서도 하늘에 계신 아버지께 기도하는 특권을 가지고 있으므로 기도해야 합니다. 응답받기 위한 기도의 핵심 요소를 알아보겠습니다.

## 1. 올바르게 기도하십시오

우리가 원하는 것을 구하여도 얻지 못하는 이유는 내 뜻대로 사용하려고 잘못 구했기 때문입니다(약 4:2-3). 치유를 원한다면 올바르게 기도하십시오. 다시 말해 하나님의 뜻에 맞게 기도하십시오. 성경을 읽으면서 그대로 기도하는 것도 한 방법이고, 치유에 관한 많은 약속이 있는 마가복음이나 누가복음을 읽으면서 기도하는 것도 좋겠습니다.

## 2. 확신을 가지고 기도하십시오

기도의 시작은 담대함입니다(요일 5:14-15). 담대함은 하나님이 나를 사랑하시고, 예수 그리스도로 말미암아 내 죄가 깨끗해졌다는 확신입니다. 우리는 예수 그리스도 안에 있고, 우리의 구원은 내가 한 일이 아니라 그리스도가 하신 일로 말미암았습니다. 그 어떤 질병도 하나님 안에 있는 우리의 본질까지 훼손하지 못합니다. 하나님 안에서 나와 내 인생은 안전합니다. 이 담대함 안에서 치유를 확신하고, 응답을 위해 간절히 기도하십시오.

## 3. 끊임없이 기도하십시오

기도하는 사람들을 알고 있습니다. 그들이 기도하는 사람일 수 있는 이유는 단순합니다. 끊임없이 기도하기 때문입니다. 성경은 "쉬지 말고 기도하라."고 합니다(살전 5:17). 끊임없는 기도에 하나님은 "예, 아니오, 기다리라."의 세 가지로 응답하십니다. 하나님이 어떻게 대답하시든지 우리는 하나님의 지혜가 우리의 지혜를 훨씬 능가하며, 오직 하나님만이 우리에게 가장 좋은 것이 무엇인지 항상 아신다는 것을 압니다(렘 29:11). 이 신뢰로 끊임없이 하나님께 기도하십시오.

## 4. 하나님의 때를 기다리십시오

하나님은 완벽한 때에 우리의 기도에 응답하십니다(시편 69:13). 하나님의 때는 한 치의 오차도 없습니다. 하나님이 치유하시기로 작정하신 완벽한 때를 기다리며 우리는 인내해야 합니다(시 37:7).

## 5. 하나님께 영광을 돌리기를 소원하십시오

하나님께 영광을 돌리는 일은 우리가 창조된 이유입니다. 우리는 하나님의 영광을 위해 창조되었으며(사 43:7), 우리가 하는 모든 일은 하나님의 영광을 위한 것입니다(고전 10:31). 우리는 "하나님께 영광을 돌리라."는 거룩한 명령 앞에 있습니다(사 24:15). 우리의 치유 기도 역시 이 거룩한 명령에 순종하는 일이어야 합니다. 우리가 치유되건 그렇지 않건 하나님의 영광은 변함이 없습니다. 하나님의 영광은 그런 것에 좌우되지 않습니다. 그런데도 우리가 치유를 위해 기도해야 하는 이유는 내가 하나님께 영광을 돌리기 위해 창조된 존재인 것을 아는 영적 인식과 겸손, 그 태도로 드리는 간절한 치유의 기도 그 자체가 하나님께 영광을 돌리기 때문입니다. 하나님의 영광을 염두에 두고 드리는 치유 기도는 우리를 소소한 일상에서 하나님께 영광이라는 우주적인 단위로 우리를 이끌어 갑니다. 우리는 하나님께 영광을 돌리기 위해 지금 여기에 존재합니다. 이 분명한 창조목적을 기억하며 기도하십시오. 하나님께서 하나님이 작정하신 때, 곧 하나님의 영광이 드러나기에 가장 적절한 때에 하나님의 방법으로 치유 기도에 응답하실 것입니다.

 기도

우리의 치유 기도에 응답하시는 주님을 기억합니다. 이 믿음으로 치유를 위해 기도하게 해 주십시오.

요점 정리

1. 성도는 반드시 응답받는 치유 기도를 할 수 있는 특권을 가진 존재다.

2. 치유의 기도 응답을 위해 '①올바르게, ②확신을 가지고, ③끊임없이, ④ 하나님의 때를 기다리며, ⑤하나님께 영광 돌리기를 소원하며' 기도하라.

삶의 치유와 회복을 위한
HEALING TALK

# 19 치유를 포기하지 말라!

본문말씀 **시편 40:13-17**

 ## 마음 열기

우리가 치유를 위한 기도를 포기하게 될 때는 언제입니까? 우리는 왜 치유를 위한 기도를 포기합니까?

## 예배 인도 순서

| | |
|---|---|
| 사도신경 | 다 같이 |
| 찬 송 | 434장(통 491) |
| 기 도 | 회원 중 |
| 본문 말씀 | 시 40:13-17 |
| 헌금 찬송 | 144장(통 144) |
| 헌금 기도 | 회원 중 |
| 주기도문 | 다 같이 |

## 말씀 나누기

오랫동안 치유를 위해 기도했으나 응답이 없다면 좌절하게 됩니다. 그러나 좌절하지 말고 계속 기도해야 합니다. 치유 기도에는 반드시 응답이 있기 때문입니다. 치유는 반드시 일어납니다. 이 땅에서 치유 받지 못했다면 천국에서는 치유 받습니다. 그리고 계속되는 치유 기도는 기도하는 사람을 하나님의 뜻에 합한 사람으로 바꾸어 냅니다. 끈질긴 치유 기도는 영혼 성장의 거름입니다. 그러므로 우리는 치유 기도를 포기해서는 안 됩니다. 하나님을 바라보는 가운데 생기는 새 힘으로(사 40:31) 계속 치유를 위해 기도해야 합니다. 포기하지 않고 치유를 위해 기도하는 법을 생각해 보겠습니다.

## 1. 하나님은 우리가 기도하는 사람들을 사랑하심을 기억하십시오

우리가 치유 기도를 드리는 대상이 있습니다. 그 대상은 '나'일 수도 있고, 내 옆에 있는 사람일 수도 있습니다. 하나님은 우리가 기도하는 그들을 모두 사랑하십니다. 우리가 기도하는 대상은 모두 하나님의 형상대로 창조되었습니다. 그들은 하나님의 닮은꼴입니다. 그들은 하나님께서 독생자 예수님의 희생으로 구원하기를 바라시는 소중한 생명들입니다. 내가 치유를 위해 기도하는 그들이 하나님의 사랑이 머무는 존재임을 기억하십시오. 우리가 치유되기를 간절히 바라는 그들은 하나님이 당신의 죽음과 맞바꾸면서까지 사랑하려는 존재란 사실을 되새기십시오.

## 2. 하나님께서 과거에 행하신 일을 기억하십시오

"하나님이 과거에 행하신 일을 기억한다."는 것은 하나님의 신실하신 성품을 확신한다는 것입니다. 하나님의 신실하심은 변함이 없고, 그 신실하심은 나를 향하고 있습니다. 전에 내게 사랑을 베푸셨던 하나님은 앞으로도 변함없이 내게 사랑을 베푸실 것입니다. 지금 내가 할 일은 하나님의 신실하심을 기억하며 찬양하는 일입니다. 하나님의 신실하심을 기억한다면 우리는 미래에 대한 새로운 용기와 희망을 발견하게 될 것입니다.

## 3. 성경대로 기도하십시오

성경에는 모든 상황에 적용이 가능한 하나님의 약속이 들어 있습니다. 성경은 단지 글이 아닙니다. 지금도 살아 움직이는 하나님의 능력입니다(히 4:12). 성경대로 기도하십시오.

## 4. 무엇을 기도해야 할지 모를 때는 그냥 맡기십시오

치유를 위해 기도하다 보면 막막한 상황을 만나게 되고, 내가 무엇을 위해 기도해야 할지 모를 때가 있습니다. 그럴 때는 이미 말할 수 없는 탄식으로 우리를 위해 기도하시는 성령님께 맡기십시오(롬 8:26). "성령님, 도와주십시오!"
란 진실한 한 마디로 성령님의 기도에 동참하십시오.

## 5. 다른 사람들을 치유 기도에 초청하십시오

계속 기도하기에는 너무 지쳤거나 낙담할 때가 있습니다. 그럴 때는 믿음의
친구들을 초청하여 함께 기도하십시오. 모세의 기도에 아론과 훌이 함께 했을
때, 이스라엘은 이길 수 없었던 아말렉과의 전쟁에서 승리했습니다. 당신에게
도 아론과 훌이 필요합니다.

## 6. 하나님의 뜻에 맡기며 평안하십시오

하나님께서 내 치유 기도에 응답하기를 기다리는 시간은 내가 하나님의 뜻
에 복종하기를 하나님께서 기다리시는 시간일 수 있습니다. '아, 하나님의 은혜
가 내게 족하구나!'란 깨달음과 고백이 하나님이 기도하는 우리에게 주시려는
응답일 수 있다는 말입니다(고후 12:6-8). 하나님의 능력은 우리의 연약함을 통
해서도 충분히 하나님이 원하시는 일을 이룹니다. 이 믿음으로 상황을 하나님
의 뜻에 맡기며 평안하십시오.

## 7. 하나님을 경배하십시오

치유는 긴 기다림입니다. 긴 기다림 속으로 피곤과 답답함, 낙담 같은 감정들
이 찾아옵니다. 치유 기도하면서 피곤할 때, 포기하려는 마음이 일어날 때, 우
리가 할 일은 하나님을 경배하는 일입니다. 경배의 기초는 하나님의 성품을 묵
상하는 일입니다. 치유를 기다리는 동안 사랑이 본질이신 하나님의 성품을 묵
상하십시오. 그 하나님이 나와 관계하시며, 내 인생을 이끌어가고 계심을 생각
하십시오. 그리고 이를 감사하십시오. 그러면 우리는 앞으로 하나님이 하실 일
에 대한 기대감으로 계속 기도할 수 있습니다.

기도

나와 너, 우리 모두를 살리는 치유 기도를 포기하지 않게 해 주옵소서.

 요점 정리

1. 치유 기도는 반드시 응답받으며, 치유 기도는 영혼을 성장시키므로 절대 치유 기도를 포기해서는 안 된다.

2. 다음 원리를 기억하며, 치유 기도를 포기하지 말라. "①하나님은 우리가 사랑하는 사람들을 사랑하신다는 것을 기억하라, ②하나님께서 과거에 행하신 일을 기억하라, ③성경대로 기도하라, ④무엇을 위해 기도해야 할지를 모를 때는 그냥 맡기라, ⑤다른 사람들을 치유 기도에 초청하라, ⑥ 하나님의 뜻에 맡기며 평안하라, ⑦하나님을 경배하라."

삶의 치유와 회복을 위한
HEALING TALK

# 20 치유를 늦추시는 이유

본문말씀 고린도후서 12:8-9

## ☀ 마음 열기

"치유는 하나님의 주권에 달려 있다"는 말은 무슨 뜻이라고 생각합니까?

### ✱ 예배 인도 순서

| | |
|---|---|
| 사도신경 | 다 같이 |
| 찬 송 | 545장(통 344) |
| 기 도 | 회원 중 |
| 본문 말씀 | 고후 12:8-9 |
| 헌금 찬송 | 440장(통 497) |
| 헌금 기도 | 회원 중 |
| 주기도문 | 다 같이 |

## ✝ 말씀 나누기

구약성경에는 치유에 관한 기록이 많습니다. 신약성경에도 예수님과 제자들의 사역 가운데 치유의 기적이 두드러지게 강조됩니다. 교회는 모든 시대에 걸쳐 믿음이 사람들이 경험한 치유와 치유를 베푸시는 하나님의 능력을 계속 증언해 왔습니다.

반대의 경우도 있습니다. 하나님은 열병과 이질로 고생한 보블리오의 아버지와 많은 환자를 치료하기 위해 바울을 사용하셨습니다. 그런데 왜 하나님은 바울이 사랑하는 제자로서 위병을 자주 앓는 디모데는 치료하지 않으신 걸까요? 왜 하나님은 바울이 그토록 없애달라고 했던 육체의 가시는 없애주시지 않았을까요(고후 12:8-9)?

우리가 이 물음을 던지며 가장 먼저 알아야 할 것은 "치유는 하나님의 주권에 달려 있다"는 사실입니다. 이 대전제 아래 하나님이 치유를 늦추시는 이유를 찾아보겠습니다.

### 1. 자백하지 않은 죄 때문에

질병이 항상 죄의 직접적인 결과는 아니지만, 때때로 질병은 고백하지 않은 죄의 결과입니다. 그래서 성경은 "서로 죄를 고백하고, 병이 낫기를 위해 서로 기도하라."고 했으며, "의인의 간절한 기도는 큰 능력이 있어 놀라운 결과를 가져온다."고 했습니다(약 5:16).

### 2. 믿음이 부족할 때

예수께서는 병자를 고치실 때 여러 번 "네 믿음이 너를 낫게 하였다."고 말씀하셨습니다(마 9:20-22). 분명히 믿음과 치유는 밀접하게 연결되어 있습니다. 수많은 성경 구절은 믿음의 부족 때문에 치유가 일어나지 않는다고 증언합니다.

### 3. 잘못된 기도를 하므로

하나님의 주권에 어긋나게 기도하거나(약 4:2-3) 치유의 의지가 불분명하게(요 5:7) 기도할 때는 치유의 응답을 받지 못합니다.

### 4. 악한 영의 방해 때문에

어떤 질병은 마귀의 영향이 원인이 되어 발생하고, 마귀의 방해 때문에 고쳐지지 않습니다.

### 5. 더 큰 계획이 있으시기에

하나님은 때때로 단순히 우리의 육신을 치유하는 것 이상으로 일하기를 원하십니다. 하나님은 종종 육체의 고통을 사용하여 우리의 성품을 계발하고, 우리가 성장하도록 하십니다.

## 6. 하나님의 영광을 위해

하나님은 때때로 더 나빠진 상황을 통해 하나님의 영광을 드러내십니다. 고통과 죽음 속에 하나님의 구원 계획이 더 온전하게 실현되기도 합니다.

## 7. 궁극적인 치유의 순간 뒤로 치유를 미루심

우리는 모두 죽는데(히 9:27), 성도에게 죽음은 궁극적인 치유입니다. 우리에겐 하나님과 함께 우리의 최종 목적지인 천국에 도달할 때 이루어질 놀라운 약속이 있습니다(계 21:4). 우리는 하나님의 뜻을 다 알 수 없습니다. 때때로 하나님은 우리가 이 약속의 실현을 보는 순간까지 지금의 치유를 미루시기도 합니다.

많은 이유가 있어도 내게 치유가 일어나지 않을 때는 매우 답답하고 괴롭습니다. 치유가 일어나지 않을 때 회개하고(요일1:9), 악한 길에서 떠나십시오(대하7:14). 둘째, 계속 하나님을 경외하고(말4:2), 말씀의 능력을 믿으십시오(히1:3). 셋째 평소처럼 치유를 위해 기도하십시오(약 5:13-16). 넷째, 범사에 감사하십시오(골3:15).

-기도

하나님의 주권에 순종하여 치유의 기도를 포기하지 않게 해 주옵소서.

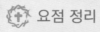 

1. 치유는 '①자백하지 않은 죄, ②믿음 부족, ③잘못된 기도, ④악한 영의 방해와 같은 우리의 허물, ⑤더 큰 계획의 성취, ⑥하나님의 영광 추구, ⑦ 궁극적인 치유(죽음) 뒤로 지금의 치유를 미루심'이란 하나님의 섭리 때문에 늦어지기도 한다.

2. 치유는 나를 사랑하시는 하나님의 주권에 달렸다. 하나님은 반드시 우리에게 치유를 주실 것이다. 치유가 늦어져 답답하고 힘들지라도 절대 치유 기도를 포기하지 마라.

삶의 치유와 회복을 위한
HEALING TALK

# 치유 받고 치유를 유지하는 원칙

본문말씀 **히브리서 10:36-39**

## 💡 마음 열기

하나님의 은혜로 건강을 유지하며 사는 것도 신유 중의 하나입니다. 왜 이것도 신유라고 생각합니까?

### ❀ 예배 인도 순서

| | |
|---|---|
| 사도신경 | 다 같이 |
| 찬 송 | 288장(통 204) |
| 기 도 | 회원 중 |
| 본문 말씀 | 히 10:36-39 |
| 헌금 찬송 | 549장(통 431) |
| 헌금 기도 | 회원 중 |
| 주기도문 | 다 같이 |

## 📖 말씀 나누기

신유는 2가지로 나눌 수 있습니다. 병들었을 때 하나님의 능력으로 고침을 받는 것과 하나님의 은혜로 건강을 유지하며 사는 것입니다. 건강을 유지하며 사는 방법은 하나님의 생명력이 항상 내 몸 안에 흐르도록 매시간 하나님과 접촉하는 일입니다. 우리가 치유 받은 뒤에 다시 고통을 겪는 것은 하나님과 접촉하지 않기 때문입니다. 치유를 얻은 뒤 이를 계속 유지하는 방법은 다음과 같습니다.

### 1. 하나님의 말씀 위에 서야 합니다

하나님의 은혜를 잊으면 치유 받았어도 건강을 유지하지 못합니다(시 103:2-3). 하나님의 말씀은 약입니다. 늘 하나님의 말씀에 주의를 기울이고 말씀 위에 서야 합니다 (잠 4:20-23). 지금 수렁에 빠진 듯한 압박감을 느낀다면 내가 하나님의 말씀에 충분한 주의를 기울이지 않는다는 신호입니다. 하나님의 말씀 위에 서는 일은 말씀을 묵상하고, 말씀을 삶의 최종 권위로 삼는 일입니다. 내 몸에 오는 질병의 증상보다 말씀이 더 큰 힘을 가지도록 말씀을 마음에 두십시오.

### 2. 증상이 말하지 않게 하십시오

아브라함은 100살이나 되어 자기 몸이 죽은 것 같고, 사라의 태가 죽은 것 같음을 알고도 믿음이 약하여지지 않았습니다(롬 4:19). 지금 자기 눈앞에 있는 현상에 사로잡히지 않고, 하나님이 자기에게 주신 약속을 신뢰했기 때문입니다. 치유 받은 뒤 다시 아픈 증상이 시작되면 우리는 흔들리고 연약해집니다. 이는 마귀에게 문을 여는 것으로써 그 문으로 질병들이 다시 들어옵니다. 하나님 말씀과 약속을 읽고 묵상함으로써 더는 증상이 내게 말하지 않도록 하십시오.

### 3. 의심을 버리십시오

주님은 믿음이 없는 곳에서는 역사하지 않으셨습니다(마 13:58). 지금도 마찬가지입니다. 의심은 치유를 방해합니다. 또 치유를 경험할지라도 의심이 있다면 치유를 유지하기 어렵습니다. 의심에 사로잡히지 마십시오. 하나님의 말씀으로 의심을 물리쳐야 합니다.

### 4. 염려를 주께 맡기십시오

우주의 주인이시며, 우리를 사랑하시는 하나님이 우리를 돌보고 계십니다(벧전 5:7). 하나님의 돌보심이 없는 순간은 없습니다. 내 삶의 주인은 내가 아니라 하나님이십니다. 염려는 내가 삶의 주인인 줄 아는 착각이며, 내 힘으로 내 삶을 돌볼 수 있다는 교만입니다. 염려하지 말고, 나보다 나를 더 잘 돌보시는 분을 바라보십시오. 내 삶의 주인은 하나님이시란 걸 기억하십시오. 하나님은 우리가 모든 염려를 하나님께 맡기기를 원하십니다.

### 5. 치유를 소유하십시오

우리 앞에는 염려와 치유가 있습니다. 선택은 우리에게 달려 있습니다. 염려와 치유 중에 믿음으로 치유를 소유하십시오(마 17:20). 질병에게 내게서 떠나라고 강력하게 명령하십시오. 치유를 약속하신 하나님과 치유의 약속을 굳게 잡으십시오(히 10:23). 그러면 치유를 유지할 수 있습니다.

기도

> 주님, 건강을 유지하며 살아갈 수 있도록 저희를 도와주소서!

 요점 정리

1. 하나님이 주시는 치유는 병들었을 때 하나님의 능력으로 고침을 받는 것과 하나님의 은혜로 건강을 유지하며 사는 2가지로 나뉜다.

2. 치유를 받은 뒤, '①하나님의 말씀 위에 서기, ②증상이 말하지 않게 하기, ③의심 버리기, ④치유를 주께 맡기기, ⑤치유를 소유하기'로 건강을 유지하라.

삶의 치유와 회복을 위한
HEALING TALK

—— TALK ——
# HEALING

치유 공동체로의 부르심

치유 TALK

불안극복 TALK

우울극복 TALK

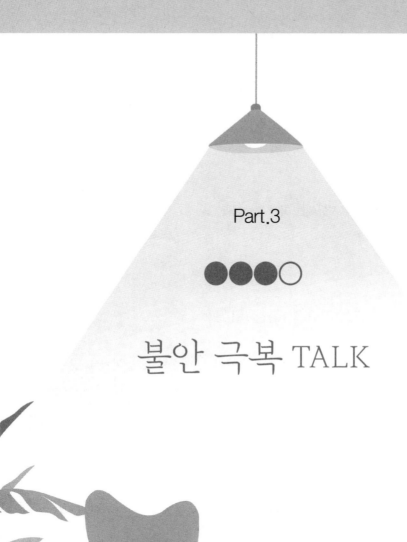

Part.3

●●●○

불안 극복 TALK

# 22 성경 치유란 무엇인가? 1

본문말씀 **시편107:20, 119:50**

 마음 열기

내가 들어보고 경험해 본 치유에는 어떤 것들이 있습니까?

## 🦋 예배 인도 순서

| | |
|---|---|
| 사도신경 | 다 같이 |
| 찬　　송 | 91장(통 91) |
| 기　　도 | 회원 중 |
| 본문 말씀 | 시 107:20, 119:50 |
| 헌금 찬송 | 315장(통 542) |
| 헌금 기도 | 회원 중 |
| 주기도문 | 다 같이 |

## 📖 말씀 나누기

현대에는 음악치료, 미술치료, 놀이치료, 운동치료 등 많은 치료법이 사용되어 인간의 치유를 돕고 있습니다. 하지만 우리는 성경으로도 치유가 일어난다고 확신합니다. 이른바 '성경 치유'입니다(시 107:20, 119:50).

성경 치유를 사용할 때는 한계와 제한이 있습니다. 성경의 배경이나 맥락을 모르면서 성경을 치유가 필요하다고 느끼는 곳에 무작정 인용해서는 안 됩니다. 성경 치유를 시행하려면 성령님의 인도 아래 깊은 성경 연구가 필요합니다. 말씀에 신중히 접근해야 하고, 말씀을 대상과 환경에 따라 적절하게 사용해야 합니다.

그러나 우리는 본질적으로 말씀이 우리의 병

을 고친다고 확신합니다. 하나님의 말씀은 살아있고 능력이 있기 때문입니다. 성경에서 그 근거를 찾아봅니다.

### 1. 영혼의 치유가 우선이다

"사랑하는 자여 네 영혼이 잘됨 같이 네가 범사에 잘되고 강건하기를 내가 간구하노라(요한삼서 1:2)"

성경 치유를 설명하는 가장 중요한 구절입니다. 치유의 우선순위를 주목합시다. 영혼 치유가 먼저 있어야 건강 치유, 생활 치유가 일어납니다. 영혼은 보이지 않지만, 인간의 중심이자 핵심입니다. 영적 건강이 나머지 건강을 이끌어 갑니다. 우리는 가장 먼저 영혼의 건강에 힘써야 합니다.

### 2. 말씀을 가까이할 때 치유하신다

"내 아들아, 내 말에 주의하며 나의 이르는 것에 네 귀를 기울이라. 그것을 네 눈에서 떠나게 말며 네 마음속에 지키라. 그것은 얻는 자에게 생명이 되며 그 온 육체의 건강이 됨이라(잠언 4:20-22)"

하나님의 말씀에 주의하며 귀를 기울이면 건강해집니다. 하나님이 말씀에 귀를 기울이면 하나님과 화목하게 되고, 화목한 관계에서 오는 마음의 평안이 건강을 해치고 수명을 단축하게 하는 스트레스를 현저하게 줄입니다. 불안이 사라집니다. 하나님의 말씀을 얻는 자는 생명과 건강을 얻습니다.

### 3. 하나님은 우리를 치료하시는 분이다

"가라사대 너희가 너희 하나님 나 여호와의 말을 청종하고 나의 보기에 의를 행하며 내 계명에 귀를 기울이며 내 모든 규례를 지키면 내가 애굽 사람에게 내린 모든 질병의 하나도 너희에게 내리지 아니하리니 나는 너희를 치료하는 여호와임이니라(출애굽기 15:26)"

하나님은 병을 주시는 분이 아니라 치료하시는 분입니다. 하나님의 말씀을 청종하고, 의를 행하며, 계명을 지키면 그 어떤 질병도 찾아오지 않습니다.

### 4. 하나님은 우리를 치료하는 것을 기뻐하신다
"너희 안에서 행하시는 이는 하나님이시니, 자기의 기쁘신 뜻을 위하여 너희로 소원을 두고 행하게 하시나니(빌립보서 2:13)"

하나님은 우리의 구원을 기뻐하시고, 구원을 이루시는 하나님입니다. 하나님이 주시는 구원 안에서 우리의 치유도 일어납니다. 치유는 구원의 한 부분입니다. 하나님은 우리가 건강하게 살아가기를 기뻐하십니다. 그 기쁘신 뜻을 이루시기 위하여 우리에게 건강하고 싶다는 소원을 주시고, 그 소원을 이루십니다. 질병으로 시달릴 때, 치료를 기뻐하시는 하나님께 소원을 두십시오.

### 5. 하나님은 죽을 몸도 살리신다
"예수를 죽은 자 가운데서 살리신 이의 영이 너희 안에 거하시면, 그리스도 예수를 죽은 자 가운데서 살리신 이가 너희 안에 거하시는 그의 영으로 말미암아 너희 죽을 몸도 살리시리라(로마서 8:11)"

하나님은 예수님을 죽은 자 가운데서 살리셨습니다. 그분의 영인 성령께서는 우리 안에 지금도 살아계시며 죽을 몸을 살려 주십니다. 여기서 '몸'이란 죄의 지배 아래 있는 사람을 의미합니다. 성경에서 대개 육신이라고 표기합니다. 죄로 죽을 몸이지만, 성령님이 거하시면 살아납니다. 우리는 갖가지 질병으로, 사고로, 노환으로 죽을 몸입니다. 하지만 하나님의 영이 거하시면 죽으나 영원히 살게 됩니다.

기도

주님, 제게도 성경 치유가 일어나게 해 주십시오

 요점 정리

1. 말씀이 우리의 병을 고친다. 우리는 말씀으로도 치유를 경험할 수 있다.

2. 성경 치유의 성경적 근거는 "①영혼의 치유가 우선이다(요삼 1:2), ②말씀을 가까이할 때 치유하신다(잠 4:20-22), ③하나님은 우리를 치료하시는 분이다(출 15:26), ④하나님은 우리를 치료하는 것을 기뻐하신다(빌 2:13), ⑤ 하나님은 죽을 몸도 살리신다(롬 8:11)."이다.

삶의 치유와 회복을 위한
HEALING TALK

# 23 성경 치유란 무엇인가? 2

**본문말씀 시편107:20,119:50**

 **마음 열기**

지난주에 배운 성경 치유의 근거에는 무엇이 있습니까?

**✤ 예배 인도 순서**

| | |
|---|---|
| 사도신경 | 다 같이 |
| 찬　　송 | 220장(통 278) |
| 기　　도 | 회원 중 |
| 본문 말씀 | 시 107:20,119:50 |
| 헌금 찬송 | 373장(통 503) |
| 헌금 기도 | 회원 중 |
| 주기도문 | 다 같이 |

**📖 말씀 나누기**

성경 치유는 미신적이며 광신적인 종교 행위가 아닙니다. 성경 치유는 "살아있는 하나님의 말씀이 우리 삶의 질병을 치유한다."는 분명한 확신과 역사적 증거 위에 서 있습니다. 1과에 이어 계속 성경에서 성경 치유의 근거를 찾아보겠습니다.

**6. 하나님은 치유의 약속을 이루신다**

"하나님의 약속은 얼마든지 그리스도 안에서 예가 되니 그런즉 그로 말미암아 우리가 아멘 하여 하나님께 영광을 돌리게 되느니라(고린도후서 1:20)"

하나님이 우리에게 주신 모든 약속은 그리스도 안에서 성취되고 실현됩니다. 하나님의 약속은 시간의 차이만 있을 뿐, 반드시 이루어집니다. 하나님이 주신 약속 중에는 치유 약속도 있습니다. 하나님이 하신 치유 약속은 그리스도 안에서 치유를 구하는 자들에게 늘 '오케이' 사인을 주십니다. 우리가 할 일은 우리에게 주실 치유의 은혜에 감사하며 "아멘!"하는 것뿐입니다. "아멘!"하면 놀라운 치유의 기적이 일어납니다. 많은 사람이 성경 치유를 몰라서 고통받고, 사망을 향해 달려가고 있습니다. 안타까운 일입니다. 하나님이 하신 치유 약속에 "아멘!"으로 반응할 때 치유가 일어납니다.

### 7. 하나님은 우리를 치유하기를 원하신다

"한 나병환자가 나아와 절하며 이르되 주여 원하시면 저를 깨끗하게 하실 수 있나이다 하거늘 예수께서 손을 내밀어 그에게 대시며 이르시되 내가 원하노니 깨끗함을 받으라 하시니 즉시 그의 나병이 깨끗하여진지라(마태복음 8:2-3)"

나병환자가 주님께 나와서 절하며 치유를 원하자 예수님은 간단히 말씀하셨습니다. "내가 원하노니 깨끗함을 받으라!" 그러자 그의 나병은 즉시 나았습니다. '내가 원하노니'란 이 말속에는 우리를 향하신 하나님의 진심이 들어 있습니다. 하나님의 뜻은 분명합니다. 하나님은 성도들이 고침을 얻고, 건강하기를 원하십니다. 치유는 우리를 향한 하나님의 뜻입니다. 하나님은 우리가 혹 병들었더라도 병 중에 주님을 발견하고, 병을 통해 더욱 주님을 의지하는 사람으로 성장하기를 바라십니다.

### 8. 하나님은 섬기는 자를 고치신다

"너희 하나님 여호와를 섬기라. 그리하면 여호와가 너희의 양식과 물에 복을 내리고 너희 중에 병을 제하리니(출애굽기 23:25)"

"여호와를 섬긴다"는 말은 "하나님의 뜻을 따르는 삶으로써 내가 하나님의 소유이자 백성임을 기억하며 산다."는 뜻입니다. 여호와를 섬기면 하나님은 먹는 것에도 복을 주시고, 병도 제하여 주십니다. 불안장애를 겪는 많은 사람이 수면장애와 섭취장애를 겸해 앓습니다. 그런 경우 이 말씀은 놀라운 치유 약속이 됩니다. 하나님을 섬기는 자들에게는 먹는 것이 부족하지 않고, 어렵지도 않습니다.

### 9. 하나님은 모든 병을 고치신다

"여호와께서 또 모든 질병을 네게서 멀리하사, 너희가 아는바 그 애굽의 악질이 네게 임하지 않게 하시고 너를 미워하는 모든 자에게 임하게 하실 것이라 (신명기 7:15)"

하나님은 병의 일부나 특정한 질병이 아니라 모든 병을 물리쳐준다고 하셨습니다. 하나님이 못 고치실 병은 없습니다. 하나님의 치유 목록에는 모든 병이 들어갑니다. 이 약속을 믿는 자에게는 하나님의 치유가 일어납니다.

　기도

주님, 제게도 성경 치유가 일어나게 해 주십시오

요점 정리

1. 말씀이 우리의 병을 고친다. 우리는 말씀으로도 치유를 경험할 수 있다.

2. 성경 치유의 성경적 근거는 "⑥하나님은 치유의 약속을 이루신다(고후서 1:20), ⑦하나님은 우리를 치유하기를 원하신다(마 8:2-3), ⑧하나님은 섬기는 자를 고치신다(출 23:25), ⑨하나님은 모든 병을 고치신다(신 7:15)." 이다.

삶의 치유와 회복을 위한
HEALING TALK

# 24 성경 치유란 무엇인가? 3

**본문말씀** 시편107:20, 119:50

 마음 열기

그동안 배운 성경 치유의 근거에는 무엇이 있습니까? 생각나는 대로 말해봅시다.

## ✦ 예배 인도 순서

| | |
|---|---|
| 사도신경 | 다 같이 |
| 찬 송 | 304장(통 404) |
| 기 도 | 회원 중 |
| 본문 말씀 | 시 107:20, 119:50 |
| 헌금 찬송 | 582장(통 261) |
| 헌금 기도 | 회원 중 |
| 주기도문 | 다 같이 |

## 📖✝ 말씀 나누기

질병은 하나님의 벌이 아닙니다. 진짜 벌은 하나님의 치유 약속에서 우리가 멀어지는 일입니다. 하나님은 우리의 치유를 우리보다도 더 바라십니다. 하나님의 치유 약속은 우리보다 더 치유를 바라시는 하나님의 사랑 표현입니다. 마지막으로 성경에서 성경 치유의 근거를 찾아보겠습니다.

### 10. 하나님은 우리가 살아서 전도하기를 원하신다

"내가 죽지 않고 살아서 여호와의 행사를 선포하리라(시편 118:17)"

많은 사람이 시한부 판정을 받고 낙심합니다. 죽을병이 아니지만 절망하여 먼저 죽고자 합니다. 방향을 바꾸어 이 말씀을 붙드십시오. 담대하게 선포해야 합니다. "나를 낙심하게 하고, 절망하게 하는 사탄아! 물러나라. 나는 죽지 않고 살아서 하나님이 내게 베푸신 은혜를 선포하겠다. 어떠한 공포나 두려움도 나를 죽일 수 없다. 혹시 죽일지라도 그것은 육체뿐이다. 나는 죽지 않을 것이다. 살아서 하나님을 전도할 것이다."

## 11. 하나님은 나의 병을 대신 지셨다

"그가 찔림은 우리의 허물을 인함이요 그가 상함은 우리의 죄악을 인함이라. 그가 징계를 받음으로 우리가 평화를 누리고 그가 채찍에 맞음으로 우리가 나음을 입었도다(이사야 53:5)"

구약시대의 유대인들은 짐승을 죽여 그 피로 자신들의 죄를 덮을 수 있었습니다. 그러나 이는 완전한 희생제물이 오기 전까지의 상징적 행위였을 뿐입니다. 구약의 많은 희생제물은 단번에 영원히 드리신바 되는 예수 그리스도의 상징이었습니다. 이제 죄 없으신 예수님이 우리의 죄악을 온전히 짊어지시고, 완전하고 영원한 희생제물이 되셨습니다. 예수님은 비탄, 가난, 핍박, 소침, 고통, 괴로움을 주는 모든 것을 가져가셨습니다. 마태는 예수님에 대한 이사야의 예언을 "우리 연약한 것을 친히 담당하시고 병을 짊어지셨도다(마 8:17)"라 썼습니다. 예수님의 이 영원한 속죄는 우리가 낫는 근거입니다.

## 12. 하나님은 확신 속에 하는 기도를 들으신다

"그를 향하여 우리의 가진바 담대한 것이 이것이니, 그의 뜻대로 무엇을 구하면 들으심이라. 우리가 무엇이든지 구하는 바를 들으시는 줄을 안 즉 우리가 그에게 구한 그것을 얻은 줄을 또한 아느니라(요한일서 5:14-15)"

병에 시달릴 때, 우리는 불안과 두려움의 지배를 받습니다. 불안과 두려움은 위축된 상태로서, 위축된 상태는 우리를 치유와 멀어지게 합니다. 위축된 상태에서는 모든 악한 것들의 침입을 막아낼 수 없습니다. 치유는 시간이 걸릴 수도 있는 일인데, 그때까지 포기하지 않고 끈기 있게 기도하지 못합니다. 치유의 약속을 기억하십시오. 하나님이 우리가 치유를 위해 기도할 때 치유하실 것을 확신하십시오. 위축된 상태에서 담대한 상태로 나아가십시오. 치유의 약속, 치유에 대한 확신으로 마음을 가득 채우십시오. 악한 것들이 나를 떠나고, 더는 악한 것들이 내게로 들어올 수 없게 됩니다.

## 13. 하나님은 병이 다시 오지 못하도록 막으신다
"재난이 다시 일어나지 아니하리라(나훔 1:9)"

질병에서 나은 뒤에도 자주 '재발하면 어쩌나?'하는 불안이 일어납니다. 질병이 재발하는 경우가 제법 있기 때문입니다. 질병이 나은 뒤에 조그만 통증이 와도 가슴이 덜컥 내려앉습니다. 전과 비슷한 증상이 조금만 있어도 벌써 마음은 불안과 두려움에 휩싸입니다. 이런 불안과 두려움이 우리 삶의 질을 크게 떨어뜨립니다. 불안과 두려움에 지배받을 때, 재발 가능성이 커집니다. 질병에서 고침을 받았다면 하나님의 약속이 있는 이 구절을 암송하고 기도하십시오. 치유의 결과는 계속되어야 하고, 성도는 건강하게 살아야 합니다. 하나님은 성도의 건강을 바라십니다. 이 사실을 확신하십시오.

 기도

주님, 제게도 성경 치유가 일어나게 해 주십시오.

요점 정리

1. 말씀이 우리의 병을 고친다. 우리는 말씀으로도 치유를 경험할 수 있다.

2. 성경 치유의 성경적 근거는 "⑩하나님은 우리가 살아서 전도하기를 원하신다(시 118:17), ⑪하나님은 나의 병을 대신 지셨다(사 53:5), ⑫하나님은 확신 속에 하는 기도를 들으신다(요일 5:14-15), ⑬하나님은 병이 다시 오지 못하도록 막으신다(나 1:9)."이다.

삶의 치유와 회복을 위한
HEALING TALK

# 25 중년의 불안

본문말씀 **이사야 38:1-8**

##  마음 열기

중년은 어떤 시기입니까? 중년의 불안에는 무엇이 있습니까?

### ❀ 예배 인도 순서

| | |
|---|---|
| 사도신경 | 다 같이 |
| 찬 송 | 461장(통 519) |
| 기 도 | 회원 중 |
| 본문 말씀 | 사 38:1-8 |
| 헌금 찬송 | 542장(통 313) |
| 헌금 기도 | 회원 중 |
| 주기도문 | 다 같이 |

## 📖 말씀 나누기

중년은 인생의 절정기로서 왕성하게 활동하고 열매를 맺는 시기입니다. 그러나 어느 때보다도 삶의 책임을 가장 많이 지는 때이기도 합니다. 그래서 중년은 불안도 절정에 이르는 시기입니다. 중년에는 급변하는 가정과 직장 안에서 제 위치를 지키며 책임을 감당해야 합니다. 은퇴도 준비해야 하고, 부모 봉양에도 신경을 써야 합니다. 그런데 건강은 서서히 무너져 내립니다. 정신과 심리에도 많은 변화가 찾아옵니다.

이렇게 중년에는 신체적, 심리적, 사회적인 변화를 거치며 자존심 저하, 무가치함, 허무 등을 느끼면서 만성질환을 겪게 됩니다. 더 나아가 죽음에 대한 두려움도 만납니다. 모든 것이 흔들

흔들합니다. 불안이 수시로 찾아옵니다. 중년기에 불안을 잘 다스리지 않으면, 불안이 나머지 인생을 이끌어 가게 됩니다. 중년 불안을 잘 다스려야 하는 까닭이 여기 있습니다.

본문에 나오는 히스기야 왕도 중년을 지나고 있습니다. 그런데 갑작스레 죽는다는 통보를 받았습니다. 절체절명의 위기입니다.

그러나 그는 중년에 찾아온 이 위기를 극복합니다. 그는 어떻게 중년의 위기를 극복했을까요?

## 1. 여호와께 기도하여(38:2)

사형선고를 받은 히스기야는 지체하지 않고 얼굴을 벽으로 향하여 여호와께 기도했습니다. 히스기야 14년(B. C. 712년)이었습니다. 38:21과 연결해 보면 히스기야가 걸렸던 병은 일종의 독성 피부병인 듯합니다. 히스기야는 이사야의 예언을 들은 후 자기의 심령 상태를 돌아보고, 하나님께 사정을 아뢰기 위해 벽으로 향했습니다. 기도의 때에 늦은 때란 없습니다. 기도하겠다고 작정하고 나서는 그 순간이 가장 적당한 때입니다. 하나님께 사형선고를 받은 히스기야는 하나님 앞에 온 마음을 다해 자신을 치료해 달라고 기도했습니다. 우리도 위기를 만날 때 그렇게 하나님 앞에 나아가야 합니다.

## 2. 심히 통곡하니(38:3)

히스기야는 왕으로 즉위하면서 정치, 종교, 군사적으로 개혁을 일으켰던 강한 왕이었습니다. 그러나 그 역시 죽음을 통고받고 보니 두렵고 떨리지 않을 수 없었습니다. 그는 심히 통곡했습니다. 그의 통곡은 자기 안에 있던 불안과 직면하는 일이었습니다.

죽음은 삶이란 과정을 거치는 동안 필연적으로 거쳐야 할 관문입니다. 누구나 죽음을 피할 수는 없습니다. 하지만 대부분 건강할 때는 죽음에 무관심하거나 죽음을 회피하려 합니다. 그런데 히스기야처럼 죽음을 통보받으면 죽음과 관련된 공포, 위협, 부정적인 감정들이 불안이 되어 엄습합니다.

이때 눈물은 치유의 효과가 있습니다. 우리는 울면서 자기 안에 있던 불안과 비로소 직면합니다. 울음은 불안으로부터 도망하는 게 아니라 불안과 맞서는 일입니다. 울음은 나약함의 표시가 아니라 강함의 다른 표시입니다. 정확한 현실 인식인 직면은 불안을 극복하고 승화시킬 바탕이 됩니다. 더욱 믿음의 사람들이 흘리는 간절한 눈물, 진실한 눈물은 치유하시는 하나님을 움직입니다. "네 눈물을 보았노라(38:5)".

## 3. 네 수한에 십오 년을 더하고(38:5)

하나님은 히스기야의 기도에 응답해 두 가지 응답을 주셨습니다. 그의 수명을 15년 늘려주셨고, 10년 후에 있을 앗수르의 침공에도 예루살렘만은 보존될 것이라는 약속을 주셨습니다.

누구나 죽음을 앞두고 불안합니다. 그러나 종교를 가진 이들은 그렇지 않은 이들보다 불안 정도가 낮다는 조사 결과가 있습니다. 죽음에 관한 불안이 낮을수록 삶의 만족도, 가족 기능, 건강 정도가 좋습니다. 하나님을 만나면 죽음에 대한 불안이 눈에 띄게 낮아집니다. 불안의 감소는 의미 있는 삶으로 이어집니다.

어느 연령층 보다 중년의 때는 노화로 인한 건강 문제, 자녀들의 성장에 따른 역할 변화, 직장과 사업장의 문제들로 스트레스와 위기를 경험하게 되는 때입니다. 죽음에 대한 불안이 엄습하는 시기입니다.

히스기야처럼 하나님께 기도하고, 하나님 안에서 죽음의 불안에 직면함으로써 삶의 전기를 맞는 지혜를 가지십시오. 중년의 불안은 우리가 하나님을 더 깊이 만날 기회입니다.

기도

주님, 하나님 안에서 중년의 불안을 극복하게 해 주소서.

 요점 정리

1. 중년은 왕성하게 활동하고 열매를 맺는 시기인 동시에 삶의 책임을 어느 때보다도 가장 많이 지는 시기이기에 불안도 절정에 이르는 시기다.

2. 중년의 불안은 '①하나님께 기도하고, ②눈물로써 현실에 직면하며, ③죽음의 불안과 맞섬으로써' 극복할 수 있다.

삶의 치유와 회복을 위한
HEALING TALK

# 26 장래 불안

본문말씀 **창세기 15:1-7**

 **마음 열기**

언제 장래에 대한 불안이 일어납니까?
또 내가 가진 장래 불안에는 무엇이 있습니까?

## ⚘ 예배 인도 순서

| | |
|---|---|
| 사도신경 | 다 같이 |
| 찬　　송 | 438장(통 495) |
| 기　　도 | 회원 중 |
| 본문 말씀 | 창 15:1-7 |
| 헌금 찬송 | 330장(통 370) |
| 헌금 기도 | 회원 중 |
| 주기도문 | 다 같이 |

## 📖 말씀 나누기

불안은 사람들이 위협, 위험, 또는 스트레스를 경험할 때 느끼는 감정입니다. 불안은 인간에게 매우 익숙한 감정이자 상태입니다. 불안은 인간의 실존입니다. 불안 없는 인간, 인생은 없습니다.

인간이 경험하는 불안 중에 장래에 대한 불안이 있습니다. 그 누구도 장래 일을 알 수 없기 때문입니다. 현대에 오면서 사회변화는 더욱 빨라졌습니다. 불안의 강도와 크기도 더욱 커졌습니다. 미래가 이전 시대 보다 더욱 예측 불가능해졌기 때문입니다.

성경은 미래에 대한 불안을 하나님께 대한 신뢰의 부족에서 찾습니다. 시간의 주인이신 하나님은 내 인생의 주인도 되십니다. 우리는 나를 사랑하시는 하나님 안에 있습니다. 하나님은 나를 향한 계획을 갖고 계십니다. 그래서 내 미래는 주님 안에서 안전합니다.

우리가 이 진리를 확신하지 못할 때, 불안이 시작됩니다. 불안은 내가 삶의 주인이 될 때, 일어나는 감정입니다. 불안은 내가 장래를 통제할 수 없다는 무력감과 절망에서 시작됩니다.

하나님의 약속과 명령을 받고 하란에서 가나안으로 이주한 아브람도 장래에 대한 불안이 컸습니다. 그의 이주는 갈 바를 알지 못한 채 하나님의 약속만 붙들고 행한 영적 모험이었기 때문입니다. 아브람의 장래는 매우 불투명했습니다.

그런데 불안해하는 아브람에게 주신 하나님의 해결방안은 명쾌했습니다. 하나님의 해결방안 안에서 아브람의 장래 불안은 미래에 대한 희망이 되었습니다. 하나님이 아브람에게 주신 장래 불안의 해결방안은 무엇이었을까요?

## 1. 두려워하지 말라(15:1)

하나님의 명령을 따라 가나안에 오긴 했지만, 가나안 원주민이 아니었던 아브람에겐 늘 장래에 대한 불안이 있었습니다. 하루하루 불안이 그를 따라다녔습니다. 그걸 아시는 하나님은 아브람에게 두려워하지 말라고 하십니다. "불안에 휩쓸리지 말고, 너를 약속의 땅 가나안에 보내고 너와 함께하는 나 하나님을 보라"고 말씀하십니다. "두려워하지 말라"는 말은 아브람처럼 믿음의 여정 안에 있는 모든 믿음의 사람에게 하나님이 공통으로 주시는 메시지입니다(사 41:10; 요 14:1).

## 2. 나는 너의 방패요(15:1)

가나안 사람들은 유브라데 강을 건너온 아브람을 '나그네, 이주자'란 뜻을 지닌 '히브리 사람'이라 불렀습니다(14:13). 나그네는 모든 시대, 모든 곳에서 늘 약자입니다. 언제 공격받을지 모르는 삶에 늘 노출되어 있습니다. 늘 안전과 생명의 위협을 위협받으니, 불안할 수밖에 없습니다. 나그네인 아브람의 장래는 비전의 성취는커녕 생존조차 불확실한 상황입니다. 이런 아브람에게 하나님은 그의 방패가 되신다고 약속하고 계십니다. 아브람의 불안을 안전감으로 바꾸어주고 계십니다.

모든 것이 불확실한 인생에서 우리에게는 누구나 방패가 필요합니다. 우리는 돈, 인간관계 등으로 내 인생의 방패를 삼으려 합니다. 하지만 그런 것들이 내 인생의 방패가 되어주지는 못합니다. 내가 방패라 여겼던 것들이 오히려 나를 공격하는 무기가 되기도 합니다. 나를 온전히 지켜주실 분은 오직 하나님뿐입니다. 죽음의 권세도 무릎 꿇게 한 하나님이 우리의 방패이십니다.

### 3. 너의 지극히 큰 상급이니라(15:1)

아브람은 "네 후손이 뭇 하늘의 별같이, 바다의 모래같이 많아지게 하겠다, 이 땅을 네게 주겠다"는 하나님의 약속을 믿고 가나안 땅으로 이주해 왔습니다. 그러나 그는 아직도 기업을 얻지 못했습니다. 더구나 아직 그에겐 하나님의 약속을 이루어갈 후손도 없었습니다. 모든 것이 제로 상태였습니다. 하나님이 주신 약속 중에 눈에 보이는 것은 하나도 없었습니다. 그렇지만 하나님은 그에게 '나는 너의 지극히 큰 상급'이라고 하십니다. 하나님은 약속을 주시는 분이고, 그 약속을 반드시 지키는 분이시기 때문입니다. 하나님은 아브람에게 앞으로 가나안에서 펼쳐질 너의 모든 삶이 헛되지 않을 것이라는 약속을 주신 것입니다.

우리의 상급은 미래에 이룰 어떤 업적이나 가지게 될 성취가 아닙니다. 우리의 상급은 나를 사랑하셔서 나를 구원하시고, 지금도 나와 함께 살고 계시는 하나님입니다. 지금 하나님과 관계하고 있고, 그분의 약속 안에 있다면 우리는 이미 우리가 받을 수 있는 최고의 상을 받은 것입니다. 이 믿음 안에 있을 때, 우리는 장래의 불안을 넘어 희망에 찬 미래로 힘차게 걸어가게 됩니다.

기도

주님, 하나님을 신뢰함으로 미래를 향해 담대히 나아가게 해 주십시오.

 요점 정리

1. 삶의 불확실성은 인간을 장래 불안으로 몰고 간다. 급격한 사회변화가 일어나는 현대에 오면서 장래 불안은 더욱 높아지고 있다.

2. 장래 불안은 하나님을 신뢰하지 못할 때 온다. 나를 온전히 지키시는 하나님이 계심을 확신하라. 내가 지금 하나님과 관계하고 있고, 하나님의 약속 안에 있음을 기억하라. 그럴 때 우리는 두려움 없이 미래를 향해 나갈 수 있다.

삶의 치유와 회복을 위한
HEALING TALK

# 27 사회 불안

## 🔔 마음 열기

지금 우리 사회를 불안하게 하는 요인에는 어떤 것들이 있을까요?

### ✤ 예배 인도 순서

| | |
|---|---|
| 사도신경 | 다 같이 |
| 찬 송 | 267장(통 201) |
| 기 도 | 회원 중 |
| 본문 말씀 | 왕하 6:14-17 |
| 헌금 찬송 | 210장(통 245) |
| 헌금 기도 | 회원 중 |
| 주기도문 | 다 같이 |

## 📖 말씀 나누기

사회불안은 사회의 존속이나 유지, 발전 등이 위협을 당하거나 위험하다고 느낄 때 찾아오는 불안입니다. 정치 갈등과 혼란, 경제 위기, 빈부 격차 심화, 빈발하는 안전사고와 각종 범죄, 우리나라의 경우 남북이 대치하고 있는 안보 상황 등이 사회불안을 일으키는 요인들입니다. 최근에는 전 지구적인 문제인 생태계 파괴에서 오는 환경문제, 전 세계 곳곳에서 일어나는 전쟁과 테러 등도 사회불안을 일으키는 원인이 되고 있습니다.

워낙 사회 곳곳에서 갈등이 분출하고, 여러 분야에서 문제들이 동시다발로 일어나다 보니 우리는 "사회가 망할 것만 같다"란 막연한 불안감에 휩싸입니다. 현대인들에게는 공동체의 파괴와 종말에 대한 불안감이 늘 있습니다. 특히 짧은 시간 안에 급격한 근대화와 경제발전을 이룩한 한국 사회는 더 그렇습니다.

사회적 불안감은 성경에도 나옵니다. 하나님이 심판하셨던 바벨탑은 사회적 불안을 해소하기 위해 "흩어짐을 면하자."는 방안을 추진하던 인간의 시도에 나온 것이었습니다. 모세와 아론이 이끌던 이스라엘 백성들은 가나안으로 가던 중에 자주 불안에 휩싸였습니다.

본문에 나오는 엘리사의 종도 사회불안을 경험합니다. 아람 왕의 명을 받은 아람군대가 엘리사를 잡기 위해 도단 성에 와서 밤에 성을 에워 쌓았기 때문입니다. 엘리사의 종은 일찍 일어나 이 광경을 보고 놀라 "내 주여, 우리가 어찌하리이까?"하고 두려워 외칩니다. 엘리사와 그의 종이 자신들을 둘러싼 아람군대가 준 불안에서 해방되는 장면은 우리에게 사회불안에서 놓여나는 법을 일러줍니다.

## 1. 가족이나 친구들, 주변 사람들과 대화

엘리사의 종은 불안한 상황을 만나자 제일 먼저 주인 엘리사를 찾아 상황과 그 때문에 생긴 불안한 감정을 털어놓았습니다. 불안을 표현하는 것은 불안 해소에 많은 도움이 됩니다. 불안이나 공포, 스트레스를 털어놓게 되면 빨리 불안에서 벗어날 수 있습니다. 대화하면서 자신의 억압된 감정을 표출하고, 정서적으로 지지받으며, 지금의 상황이 자신만 겪은 어려움이 아닌 것을 알게 됩니다. 한국인들은 대부분 감정표현을 억제합니다. 그러나 관계를 해치지 않는 범위 내에서 자신의 불안을 적절하게 표현하는 것은 불안 해소의 시작입니다.

## 2. 전문가와 상담

엘리사는 당장 종에게 "두려워하지 말라. 우리와 함께 한 자가 그들과 함께 한 자보다 많다(6:16)"고 말합니다. 엘리사가 "두려워하지 말라"고 한 것은 자기의 경험이나 힘, 능력을 의지하기 때문이 아니었습니다. 하나님을 의지하기 때문이었습니다. 엘리사의 말은 "신실하신 하나님이 함께하시니 겁내지 말라."는 것이었습니다. 불안을 혼자서 해결하기 힘든 경우에는 전문가나 병원을 찾아야 합니다. 전문가와 상담함으로써 불안 상황 및 근원에 대해 탐색하고, 상황에 대처할 방법을 함께 찾는 것입니다. 사회불안이 있는 우리에게는 하나님의 관점에서 불안을 다룸으로써 "두려워하지 말라"는 메시지를 말해 줄 사람이 필요합니다.

### 3. 하나님을 바라보며 믿음으로 기도

엘리사는 두 번 기도합니다. 하나는 사환의 눈을 열어 달라는 기도(6:17)였고, 다른 하나는 아람 군사들의 눈을 어둡게 해 달라(6:18)는 기도였습니다. 기도 두 번이 모두 응답 되었습니다. 사환은 도단 성을 에워싸고 있는 아람 군대만을 보고 놀랐습니다. 하지만 아람 군대보다 더 많은 하늘 군대를 바라보고 있었던 엘리사는 이 상황을 두려워하지 않고 기도했습니다. 영적 시각이 어두운 사람들은 작은 일만 겪어도 불안합니다. 그러나 하나님을 신뢰하는 사람은 적들이나 나에게 우호적이지 않은 환경으로 에워 쌓인 경우에도 담대합니다. 하나님보다 큰 것은 없기 때문이고, 우리는 하나님 안에서 안전하게 보호되고 있기 때문입니다. 우리는 환경 때문에 불안할 때 환경 너머에서 우리를 위해 일하시는 하나님을 바라볼 수 있어야 합니다.

 기도

주님, 환경의 변화 때문에 불안할 때 환경 너머에서 우리를 위해 일하시는 하나님을 바라보게 하소서.

요점 정리

1. 전 세계적으로 사회불안이 심각하다. 특히 다양한 갈등이 분출하고, 남북이 여전히 군사적으로 첨예하게 대치하는 상황에 있으며, 짧은 시간 안에 급격한 근대화와 경제발전을 이룬 우리 사회는 더욱 그렇다.

2. 사회불안이 찾아올 때, 적절하게 불안을 표현하고 전문가와 상담하라. 무엇보다 나를 위해 일하시는 하나님이 계심을 기억하라.

삶의 치유와 회복을 위한
HEALING TALK

# 28 정서 불안

본문말씀 **사무엘상** 15:17-23

##  마음 열기

나는 어떤 상황에 있을 때, 마음의 평형상태가 깨어집니까?

**🏹 예배 인도 순서**

사도신경    다 같이

찬    송    546장(통 399)

기    도    회원 중

본문 말씀    삼상 15:17–23

헌금 찬송    317장(통 353)

헌금 기도    회원 중

주기도문    다 같이

##  말씀 나누기

사람에겐 마음의 평형상태를 유지하려는 성향이 있습니다. 그런데 평형상태가 무너져 마음의 안정을 잃게 되면 어찌할 줄을 모르고 당황하는 상태가 되어 이상한 정서를 표출하게 됩니다. 이런 심리 현상을 정서불안이라고 부릅니다. 정서가 안정되지 못하면 정상적인 행동이나 의사표시를 할 수 없어 주위 사람들로부터 비난받는 상황에 놓이고, 그러면 더욱 긴장과 불안에 휩싸입니다. 이런 상태가 계속되면 경계성 인격장애나 정신장애로까지 발전합니다.

사울은 통일왕국 이스라엘의 초대 왕이 되는 영광을 얻었던 사람입니다. 하지만 그의 인생은 실패로 끝납니다. 그에게 정서불안이 있었기 때문입니다. 성경에 기록된 사울의 통치를 보면 그의 인생에는 반동형성(삼상 14:52), 퇴행(삼상 13:9), 격리, 투사(삼상 15:21), 합리화(삼상 15:24)처럼 불안에 대응하는 다양한 방어기제가 나타나고 있습니다. 사울이 정서불안에 시달렸다는 증거입니다.

사울은 정서불안을 극복하지 못함으로써 영광으로 시작한 삶을 실패로 마감했습니다. 사울의 인생은 우리가 어떻게 정서불안을 극복할 수 있는지를 생생하게 보여줍니다.

### 1. 영적 원리를 따라 살아야 합니다

사울은 감정 체계에 의한 삶을 살았습니다. 가장 미약했던 베냐민 지파 출신으로서 12지파를 다스리는 통일왕국의 왕이 되었던 사울은 자신의 출신에 대한 열등감 탓이었는지 늘 내면에 두려움을 가지고 있었습니다. 사울은 백성을 두려워하였고(15:24), 블레셋의 골리앗을 보고 두려워 떨었으며(17:11), 하나님이 함께한 다윗을 보며 두려워했습니다(18:12, 15, 18:29). 블레셋 군대를 보고 두려워했고(28:20), 신접한 여인으로부터 죽음에 대한 경고를 받고 두려움에 사로잡혀 땅에 엎드립니다(29:20). 사울은 자신을 왕으로 세우신 하나님의 뜻을 신뢰하지 못했기에 재위 기간 내내 이성 체계보다 감정 체계에 영향을 받았습니다. 그 결과 분명한 원칙에 따라 행동하지 못하고 감정에 휩쓸리는 삶을 살았습니다.

불안이 증가하면 이성적 판단이 흐려지고, 자기의 행동이 후에 미칠 영향에 대해 미처 생각하지 못한 채 감정적으로 행동합니다. 그럼으로써 실패와 멸망의 길로 달려갑니다. 성도는 감정 체계에 따라 사는 것이 아니라 하나님이 주신 영적 원리에 따라 살아야 합니다.

### 2. 하나님과 자기 내면에서 정서의 안정을 찾아야 합니다

사울은 감정에 휘둘려 융해 관계를 만드는 경향이 있었습니다. 융해는 자기에게 있는 두려움과 불안을 덜기 위해 다른 대상과 경계 없이 하나가 되는 것입니다. 그러면 '나'라고 하는 개별인격과 의견은 사라지고, 혼돈만 남습니다. 사울은 백성들과 자신을 가리켜 '우리'라고 표현하고, 하나님과 사무엘을 '당신의 하나님'이라고 표현합니다(15:15). 백성을 두려워하여 자기의 소신이 아니라 그들이 하자는 대로 합니다(15:24). 왕으로서 하나님의 명령을 듣고 이를 실행해야 하는 위치에 있으나, 이스라엘 백성과 융해되어 자신의 신분과 소명을 망각하고 행동한 것입니다. 그 결과 사울과 이스라엘 모두 하나님께 불순종하는 죄를 범하고 맙니다.

감정조절을 잘하는 사람은 자신의 안전을 어떤 조직이나 대상에 의존하지 않습니다. 소외되지 않으려고 다른 사람들과 무분별한 동맹을 맺지도 않습니다. 자기 안에서 나오는 확신으로 환경을 개척하고, 삶의 흐름을 주도합니다.

성도는 자신을 사랑하시는 하나님, 그 하나님과 관계하는 자기의 내면에서 삶의 안전을 찾아야 합니다. 그럼으로써 건강한 관계를 만들고, 그 안에서 하나님의 뜻에 순종합니다.

### 3. 하나님의 사랑과 인정을 구해야 합니다

사울은 하나님이 아니라 사람의 인정과 사랑을 구합니다. 하나님이 원하시는 것은 순종인데, 백성들의 마음을 사기 위해 제사하려 합니다. 사무엘이 이런 사울의 잘못을 꾸짖자(15:28-29) 사무엘에게 백성의 장로들과 이스라엘 앞에서 자신을 높여달라고 부탁합니다. 그는 지도자로서 하나님의 사랑과 인정보다 사람들의 사랑과 인정을 구하는 어리석은 모습을 보이고 있습니다. 불안감이 높은 사람들은 다른 사람들의 행동과 생각에 민감하게 반응합니다. 온전한 자신으로 생각하고 행동하지 못하는 것입니다.

하나님의 인정과 사랑을 구하십시오. 하나님께 순종하는 것이 백성들의 마음에 들려는 제사보다 낫습니다. 하나님의 인정과 사랑을 받게 되면 사람의 인정과 사랑은 자연히 따라옵니다.

기도

주님, 저희를 정서불안으로부터 건져 주십시오. 주님이 주시는 평안 위에 굳건히 서게 해 주소서.

 요점 정리

1. 정서불안은 마음의 평형상태가 깨지는 것으로서, 정서가 불안해지면 더욱 긴장과 불안에 휩싸인다. 정서불안을 제대로 다루지 않으면 심각한 정신 장애로까지 이어진다.

2. '①감정 체계가 아니라 하나님이 주신 영적 원리를 따라 살고, ②하나님과 자기의 내면에서 안정을 찾으며, ③사람의 사랑과 인정보다 하나님의 사랑과 인정을 구하는 것으로써' 정서불안을 극복하라.

삶의 치유와 회복을 위한
HEALING TALK

# 29 영적 불안

본문말씀 **창세기 4:9-15**

 마음 열기

우리에게 불안을 주는 요인은 다양합니다. 인간이 불안을 느끼는 본질적인 원인은 뭐라고 생각하십니까?

## 예배 인도 순서

| | |
|---|---|
| 사도신경 | 다 같이 |
| 찬 송 | 539장(통 483) |
| 기 도 | 회원 중 |
| 본문 말씀 | 창 4:9-15 |
| 헌금 찬송 | 310장(통 410) |
| 헌금 기도 | 회원 중 |
| 주기도문 | 다 같이 |

## 말씀 나누기

인간의 실존은 불안입니다. 인간은 다양한 삶의 조건 속에서 불안을 느낍니다. 그러나 인간이 불안을 느끼는 본질적인 이유는 하나님과의 관계가 파괴되었기 때문입니다. 인간이 하나님의 자리에 앉음으로써 타락하였을 때, 인간 본성의 일부인 감정도 타락하였습니다. 인간의 감정은 인간과 인간 사이의 수평관계에서 비롯되는 것처럼 보이지만, 인간 감정의 본질은 하나님과 인간 사이의 수직관계입니다. 하나님과 인간 사이의 깨어진 관계, 하나님을 떠난 인간의 영적 실상이 불안이라는 감정으로 표출됩니다. 불안은 하나님을 떠난 인간 내면의 어둠을 드러내고, 인간이 처한 비극적 현실을 폭로합니다. 불안은 우리가 다시 하나님께로 돌아가야 한다는 신호입니다.

본문에 나오는 가인을 보면 그는 질투, 분노, 죄책감, 두려움으로 채워져 있습니다. 하나님께 대적하는 그의 영적 불안이 여러 부정적 감정으로 나타나고 있는 것입니다. 가인은 하나님과의 관계 회복에서 오는 영적 불안의 해결이 우리의 부정적 감정을 해소하는 열쇠임을 보여주고 있습니다. 우리는 어떻게 하나님과의 관계 회복을 통해 영적 불안을 해결해야 할까요?

## 1. 거룩함을 유지하십시오

가인과 아벨이 드린 제사의 차이는 제물의 차이가 아니라 믿음의 차이였습니다(히 11:4). 하나님은 제물이 아니라 제물을 드리는 자의 동기를 보셨습니다. 그래서 믿음으로 드린 아벨의 제물은 받으셨고, 믿음 없이 형식적으로 드린 가인의 제물은 거절하셨습니다. 가인은 시기하기보다 먼저 자신의 태도를 돌아보아야 했습니다. 그런데 가인은 하나님이 자기의 제물은 받지 않으시고 동생 아벨의 제물을 받으신 것을 시기하여 들로 동생을 불러냅니다. 아무도 모르게 그를 없애기 위해서였습니다. 그리고 동생을 죽입니다(4:8). 그러나 가인의 범죄는 감출 수 없었습니다. 아벨의 억울한 피가 하나님께 호소한 것입니다(4:10).

감춘 죄는 영적 불안의 원인입니다. 전지하시며, 모든 곳에 계신 하나님께서 나를 보고 계심을 알고 언제 어디서나 거룩함을 유지하십시오. 죄가 있다면 우리는 평안할 수 없습니다.

## 2. 하나님을 떠난 인간의 실상을 기억하십시오

하나님이 죄를 지은 가인에게 내리신 형벌은 땅이 소산을 내지 않을 것이며, 땅을 떠도는 삶을 살게 된다는 것이었습니다. 가인은 땅을 떠돌며 자기를 만나는 자들이 자기를 죽일까 봐 두려움에 떠는 처지가 되어 버렸습니다.

가인이 땅을 떠돌며 두려움에 떠는 삶을 살게 된 것은 범죄하고 하나님을 떠난 인생의 실상을 보여줍니다. 범죄하고 하나님을 떠난 인간은 늘 두려움에 떨며 떠도는 인생을 살게 되어 있습니다. 하나님을 떠난 인간의 실상을 기억하십시오. 그러면 우리는 하나님과 나의 관계를 파괴하려는 나의 죄로부터 나를 지킬 수 있습니다.

### 3. 하나님을 떠난 인간에게도 은혜를 베푸시는 하나님을 기억하십시오

하나님을 떠나 살게 된 가인은 하나님께 다른 사람이 자신을 죽일 것이라는 불안과 두려움을 호소합니다. 먼저 하나님께 잘못을 뉘우치고 회개하는 것이 마땅한데, 자신에게 올 피해만 생각하고 하나님께 호소한 것입니다. 그러나 하나님은 가인에게 은혜를 베풀어주셨습니다. "가인을 죽이는 자는 벌을 칠 배나 받으리라(4:9)".

하나님만이 죄인들의 불안과 두려움을 없애실 수 있습니다. 많은 물질이나 권력을 갖고 있어도 죄가 있다면 불안과 두려움을 떨쳐 버릴 수 없습니다. 하나님께 나와 불안을 호소해야 죄의 짐을 내려놓고 마음의 평안과 기쁨을 되찾을 수 있습니다. 하나님을 떠난 인간에게도 하나님은 은혜를 베푸십니다. 하나님께로 나아와 마음 깊은 곳에 엎드린 두려움과 불안을 호소하십시오.

기도

주님께로 돌아갑니다. 주님과 다시 깊이 관계하기를 소망합니다. 주님과의 관계를 회복시켜 주셔서 저희가 모든 불안으로부터 자유로워지게 하소서.

요점 정리

1. 하나님과 인간 사이의 깨어진 관계, 하나님을 떠난 인간의 영적 실상이 불안이라는 감정으로 표출된다. 불안의 본질적인 원인은 깨어진 하나님과의 관계다. 영적 불안이 다른 모든 불안으로 이어진다. 불안은 하나님께 돌아가 하나님과의 관계를 회복하라는 신호다.

2. ①거룩함을 유지하고, ②하나님을 떠난 인간의 실상을 기억하며, ③하나님을 떠난 인간에게도 은혜를 베푸시는 하나님을 기억하고 하나님께 나아가라. 하나님과의 관계가 회복될 때, 모든 불안이 사라진다.

삶의 치유와 회복을 위한
HEALING TALK

# 30 분리 불안

본문말씀 **마태복음** 14:22-33

 마음 열기

살면서 혼자라는 느낌 속에 불안했던 적이 있다면 언제입니까?

## 예배 인도 순서

| | |
|---|---|
| 사도신경 | 다 같이 |
| 찬 송 | 357장(통 397) |
| 기 도 | 회원 중 |
| 본문 말씀 | 마 14:22–33 |
| 헌금 찬송 | 313장(통 352) |
| 헌금 기도 | 회원 중 |
| 주기도문 | 다 같이 |

### 말씀 나누기

모든 사람은 불안 속에 있습니다. 불안은 인간의 실존입니다. 설령 누군가가 자신은 현재 전혀 불안이 없다고 고백하더라도 불안은 그 사람 안에 잠재합니다.

불안은 인간의 실존에 가장 큰 문제이기도 하지만, 역설적으로 큰 기회이기도 합니다. "불안을 자각한다."는 것은 "자기 앞에 있는 미래의 변화 가능성을 자각한다."는 뜻이기도 하기 때문입니다. 불안에 직면해 어떻게 대처하느냐에 따라 우리 삶의 질은 현저히 달라질 수 있습니다.

불안 중의 하나가 분리불안입니다. 분리불안은 자기가 중요하다고 여기는 대상과 떨어져 혼자 있을 때 찾아오는 불안입니다. 성경에도 분리

불안이 나옵니다. 선악과를 먹음으로써 하나님과 분리되어 에덴동산에서 추방된 아담과 하와, 출애굽을 이끈 위대한 영적 지도자 모세가 죽은 뒤 남겨졌던 여호수아가 그 예입니다. 하나님은 인간을 위협하는 분리불안을 잠재우는 분이십니다. 하나님은 분리불안을 미래에 대한 희망과 미래의 변화로 바꾸십니다. 하나님은 예수 그리스도의 십자가를 통해 자신과 분리된 인간과 화목하심으로써 인간을 화평하게 하시고 새 삶을 열어주셨습니다. 하나님은 여호수아에게 "두려워하지 말라. 내가 너와 함께 하겠다."고 약속하심으로써 그의 분리불안을 가나안 진입의 동기로 삼으셨습니다. 하나님 안에 있을 때, 분리불안은 약속된 미래로 이어졌습니다.

본문은 예수님과 분리되었을 때 불안에 빠졌던 제자들의 이야기입니다. 이 이야기에서 우리는 우리가 분리불안으로부터 놓여나는 믿음의 원리를 봅니다.

### 1. 고난을 당하더라(14:24)

주님은 제자들을 먼저 배를 타고 떠나가게 하셨습니다. 홀로 기도하는 시간을 갖고, 쉴 틈을 얻기 위해서였습니다. 그러나 이것은 제자들에게는 큰 고난이었습니다. 예수님과 떨어지자마자 그들에게는 고난과 분리불안이 시작되었습니다.

예수님과 분리된 뒤 한밤에 바다 위에서 바람을 만나 극심한 불안에 떨며 고통당하는 제자들처럼 우리도 인생 중에 고난과 분리불안을 경험합니다. 살다 보면 죽을 것 같은 공포, 내가 의지할 대상이 곁에 없다는 극심한 외로움, 중요한 타자로부터 분리되었을 때 오는 불안이 나를 엄습합니다.

하지만 분리불안을 이상하게 여기지 마십시오. 분리불안을 직시하십시오. 분리불안이 시작될 때, 관점을 달리해 불안을 미래의 변화 가능성으로 바라보십시오. 분리불안은 인간이라면, 더군다나 변화가 많은 시대를 살아가는 현대인이라면 누구나 마주하게 되는 인간의 실존입니다.

## 2. 안심하라 나니 두려워 말라(14:27)

밤 사경에 주님은 제자들을 찾아 물 위로 걸어오셔서 안심시켜 주십니다. 이른 새벽에 주님은 제자들의 고난을 보시고 격려하기 위해 물 위로 걸으시는 기적을 보여주십니다. 고통과 시련 중에 등장한 주님의 출현에 제자들은 감동하고 힘을 얻습니다.

고난과 분리불안 중에 눈이 열리면 우리는 내가 주님과 함께임을 알 수 있습니다. 주님은 언제나 나와 함께이십니다. 우리는 주님의 소유입니다. 우리를 소유하신 주님의 이름은 '임마누엘'입니다. 고난과 분리불안 속에 있을 때, 우리는 주님께서 나와 동행하심을 확신해야 합니다(사 43:1-2). 이 확신이 우리를 분리불안에서 자유롭게 합니다.

## 3. 바람을 보고 무서워(14:30)

베드로는 충동적으로 "만일 주님이시거든 나를 명하사 물 위로 오라 하소서."라 요청합니다. 주님의 능력을 경험하기를 원했던 것입니다. 하지만 물 위를 걸어 주님께 가다가 바람을 보고 무서워 빠져갑니다. 주님이 물 위로 걸어오라고 명하셨으니, 주님만 바라보고 걸어야 했습니다. 그러나 바람에 주의가 흩어졌고, 그 틈으로 두려움이 쏟아져 들어갔습니다. 그러자 베드로는 물속으로 빠져들어 갔습니다. 주님은 즉시 손을 내밀어 베드로를 물에서 건져내셨습니다.

우리의 시선이 주님에서 다른 것에게로 향할 때, 우리에게는 사나운 바람 소리가 들립니다. 두려움에 사로잡히면 우리는 고난과 분리불안이라는 물속으로 빠져들어 갑니다. 우리는 계속 주님을 바라봄으로써 불안을 미래의 가능성으로 바꾸어 내어야 합니다. 시선이 분산됨으로써 다시 고난과 분리불안이라는 물속으로 빠져들었다면, 우리는 어서 나를 건지시는 분이 계심을 생각해야 합니다. 성도는 넘어지나 아주 엎드러지지는 않습니다. 여호와께서 붙드시기 때문입니다(시 37:24). 이 확신이 우리를 고난과 분리불안에서 건져냅니다.

기도

주님, 내가 혼자라고 느껴지고 두려움이 찾아올 때 우리와 함께하시는 하나님, 나를 붙들고 계시는 하나님을 기억하게 하옵소서.

🕇 요점 정리

1. 분리불안은 자기가 중요하다고 여기는 대상과 떨어져 혼자 있을 때 찾아오는 불안이다.

2. 분리불안이 시작될 때, 관점을 달리해 불안을 미래의 변화 가능성으로 바라보라. 내가 주님의 소유이고, 하나님이 나와 함께하시며, 나를 붙들고 계심을 생각하라.

삶의 치유와 회복을 위한
HEALING TALK

# 31 소문 불안

본문말씀 **민수기 14:1-19**

 **마음 열기**

괴담이나 근거 없는 소문 때문에 불안했던 적이 있습니까?

---

### ✈ 예배 인도 순서

| | |
|---|---|
| **사도신경** | 다 같이 |
| **찬 송** | 88장(통 88) |
| **기 도** | 회원 중 |
| **본문 말씀** | 민 14:1-19 |
| **헌금 찬송** | 212장(통 347) |
| **헌금 기도** | 회원 중 |
| **주기도문** | 다 같이 |

### 📖 말씀 나누기

인간은 갖가지 소문을 듣고 살아갑니다. 그 소문들의 대부분은 허구임에도 인간은 소문들 때문에 불안을 느낍니다. 이것을 '소문 불안'이라 정의할 수 있습니다.

소문에는 인간의 욕망과 공포, 시샘과 분노가 반영돼 있습니다. 사람들은 자신이 한 행동이나 느끼는 감정에 합당한 이유가 있다고 가정합니다. 그 이유를 찾으려고 노력하고, 자신이 이해할 수 있는 이유를 찾았을 때 비로소 안도합니다. 그러나 자신이 지각한 이유가 행동이나 감정에 적합하지 않다고 느낄 때는 더 적당한 이유를 만들어내고 자기의 행동이나 감정을 정당화하려 합니다. 이런 심리 때문에 세상에서는 근거 없는 소문이 그치지 않고 양산됩니다.

소문은 위험을 경고하며, 미래를 예측하고, 상황을 인식하고 대처하게 만드는 긍정적 기능도 가지고 있습니다. 그러나 소문에는 부정적 기능이 훨씬 많습니다. 근거 없는 사실은 불안감을 조성하거나 증폭하고, 사회 전체를 그릇된 방향으로 몰고 갑니다. 한 개인을 무참하게 짓밟아 평생 지울 수 없는 상처를 입히기도 합니다.

우리는 근거 없는 소문을 만들어내는 인간의 심리와 그 심리가 만들어낸 소문에 휩쓸리는 불안으로부터 나와 교회, 이 사회를 지켜야 합니다. 우리는 어떻게 소문 불안에서 벗어날 수 있을까요?

## 1. 소문을 듣기보다는 하나님의 약속을 기억합니다

가나안 정탐을 마치고 돌아온 갈렙은 "우리가 올라가서 그 땅을 취하자. 능히 이기리라(13:30)."고 합니다. 그러나 다른 10명의 정탐꾼은 "우리는 메뚜기와 같다(13:33)."고 합니다. 이 말을 들은 이스라엘 백성들은 "애굽으로 돌아가자."고 외칩니다. 어리석게도 "다시 애굽의 노예 생활로 돌아가자."고 한 것입니다. "애굽으로 돌아가자."는 말은 어려움에 부딪힐 때마다 이스라엘 백성들이 습관적으로 내뱉던 불신앙의 말이었습니다. 10명의 정탐꾼에게는 부정적인 보고만 있지, 하나님의 약속에 대한 언급은 한 마디도 없습니다. 그 소문을 들은 백성들 또한 부정적 반응만 하지, 하나님의 약속은 생각조차 안 합니다.

어떤 상황에서 인간의 생각이 만들어내는 근거 없는 소문들은 불안만을 크게 할 뿐입니다. 불안하다고 예전의 모습으로 돌아가는 것은 패배와 멸망으로 직진하는 일입니다. 불안이 커지는 시기에 "무엇을 듣고, 어떤 행동을 선택할 것인가?"하는 문제는 매우 중요합니다. 근거 없는 소문에 귀를 기울이기보다 하나님의 약속을 기억하십시오.

## 2. 하나님께 맡기며 엎드립니다

모세와 아론은 혈기 가득한 백성들의 원망 앞에서 그들에게 응대하지 않았습니다. 이 모든 상황을 하나님께 맡기며 엎드렸습니다. 소문을 듣고 불안 속에 반응하면 문제만 더 커집니다. 상황은 더 악화합니다. 어떤 일이 벌어졌을 때, 하나님께 맡기고 엎드리는 것이 최선입니다. 그 엎드림 안에서 상황을 제대로 보는 눈이 떠집니다. 소문의 근거 없음을 꿰뚫는 혜안이 열립니다.

## 3. 하나님이 함께하심을 확신하십시오

"그들은 우리의 먹이라." 여호수아와 갈렙이 했던 멋진 말입니다. 하나님께서 이스라엘 백성들을 가나안 땅에 인도하실 것이라는 강한 믿음을 가졌던 그들은 백성들에게 하나님의 약속을 믿자고 호소합니다. 그들은 능히 가나안을 정복할 수 있다는 확신에 차 있습니다. 그들에게는 "그들의 보호자는 그들에게서 떠났고, 여호와는 우리와 함께 하신다(14:9)."는 믿음이 있었습니다. 그러나 백성들은 하나님을 신뢰하지 않고 도리어 돌로 하나님을 신뢰하는 여호수아와 갈렙을 치려 합니다. 이 위기의 상황에 하나님은 직접 개입하셔서 믿음을 가진 정탐꾼 여호수아와 갈렙을 지켜주십니다.

"하나님께서 나와 함께 하신다."는 것을 아는 사람에게는 더 이상 불안은 없습니다. 하나님이 나와 함께 하심을 아는 믿음 안에서 소문이 만들어 낸 불안은 소멸합니다. 소문이나 뉴스, 헛된 말에 흔들리지 마십시오. 하나님의 말씀을 더 깊이 신뢰하십시오!

기도

주님, 인간의 그릇되고 연약한 심리가 만들어내는 소문에 흔들리지 않게 해 주십시오. 소문이나 뉴스, 헛된 말에 흔들리기보다 하나님을 말씀을 신뢰하며 살게 하소서.

 요점 정리

1. 소문은 인간의 욕망과 공포, 시샘과 분노가 만들어내는 것으로 긍정적 기능보다 부정적 기능이 훨씬 많다. 소문은 우리 삶을 불안과 패배의 상황으로 몰고 간다.

2. 소문보다 하나님의 약속에 귀를 기울이라. 어떤 일이 벌어졌을 때 하나님께 엎드림으로써 상황의 본질을 꿰뚫는 혜안을 가져라.

삶의 치유와 회복을 위한
HEALING TALK

# 32 위기 불안

본문말씀 **역대하 20:1-4**

 마음 열기

당신의 삶에서 위기는 무엇이었습니까? 그때 당신은 어떻게 반응했나요?

## ✿ 예배 인도 순서

| | |
|---|---|
| 사도신경 | 다 같이 |
| 찬 송 | 425장(통 217) |
| 기 도 | 회원 중 |
| 본문 말씀 | 대하 20:1-4 |
| 헌금 찬송 | 187장(통 171) |
| 헌금 기도 | 회원 중 |
| 주기도문 | 다 같이 |

## 📖 말씀 나누기

위기는 개인이나 조직에 물적·정신적인 영향력이 미쳐서 기본적인 이념이나 틀, 즉 본래 그 자체의 성격이나 기능이 파괴되고 손상되는 상황입니다. 위기 불안이란 위기상태가 지속됨으로써 야기되는 불안입니다.

우리는 많은 것이 너무 빠른 속도로 변하는 사회 안에 살고 있습니다. 위기 상황이 쉴 새 없이 우리를 찾아옵니다. 우리는 늘 위기 불안에 노출되어 있습니다.

우리가 할 일은 위기 상황을 맞지 않는 게 아닙니다. 위기가 없는 인생은 불가능합니다. 우리가 할 일은 위기를 맞을 때 이를 잘 극복하여 위기를 오히려 성장과 성숙의 기회로 삼는 것입니다.

유다 왕 여호사밧은 나라를 개혁하는 일을 성공적으로 수행합니다(대하 19). 그렇지만 위기가 찾아왔습니다. 모압과 암몬 연합군이 유다를 침공한 것입니다. 정세로는 아람 왕 벤하닷이 모압과 암몬 두 나라를 사주해서 전쟁을 일으킨 것이었습니다. 여호사밧이 아라비아와 해상 무역을 재개하려는 것을 방해하려는 목적도 있었습니다. 영적 이유로는 여호사밧이 아합 왕과 연합하는 실수를 저지른 데 대한 심판이었습니다(19:2). 어쨌거나 여호사밧과 유다는 위기 상황에 놓입니다. 총체적인 위기입니다. 여호사밧과 유다 백성은 어떻게 이 위기 상황을 극복했을까요?

## 1. 여호와께로 향하여 간구하고(20:3)

여호사밧은 전쟁 발발 소식을 듣자마자 곧장 두 가지를 실행합니다. 하나는 본인이 하나님 앞에 나가 간구하는 것이고, 다른 하나는 백성들에게 금식하라고 공포한 것입니다. 모세는 어렵고 고통스러울 때마다 하나님께 엎드려 기도했는데, 그의 기도를 들으신 하나님은 홍해를 가르시고, 만나를 내리시며, 반석에서 샘이 솟게 하셨습니다. 그렇게 40년의 광야 생활을 마치게 하셨습니다. 다니엘은 기도하면 사자 굴에 들어가게 된다는 사실을 알면서도 굽히지 않고 예루살렘을 향하여 하루에 세 번 기도했는데, 하나님은 사자의 입을 막아 위기를 통과하게 하셨습니다. 히스기야 왕은 사형선고를 받았으나 하나님께 간절히 기도를 드림으로 수명을 15년이나 연장받았습니다(대하 32:24). 위기의 때에는 기도가 결정적 해답입니다(시 50:15).

## 2. 금식하라(20:3)

여호사밧은 자신이 먼저 기도할뿐더러 백성들에게도 금식기도를 요청합니다. 여호사밧은 본래 '조상 다윗의 처음 길로 행한(대하 17:3)' 왕이었고, '오직 그 부친의 하나님께 구하며 그 계명을 행하고 이스라엘의 행위를 좇지 아니한(대하 17:4)' 왕이었습니다. 또 '아세라 목상들을 없이하고 마음을 오로지하여

불안 극복 Talk 143

하나님을 찾은(대하 19:3)' 사람이었습니다. 하나님은 그에게 복을 주셨는데 '나라를 그 손에서 견고하게 하셨고 유다 무리가 여호사밧에게 예물을 드림으로 부귀와 영광이 극하게(대하 17:5)' 되었습니다. 여호사밧은 이미 하나님께 복을 많이 받았고 그것을 삶 속에서 실감한 인물이었습니다. 다시 말해 그는 하나님의 은혜를 경험한 왕이었습니다. 그러므로 백성들에게 다른 인간적인 방법보다 과감하게 금식을 요청하는 것입니다.

위기를 만나면 불안합니다. 그러나 그리할지라도 인간적인 방법을 찾기보다 신앙의 방법을 찾아야 합니다. 우리가 받은 하나님의 은혜를 기억합시다. 그리고 그 안에서 신앙의 방법을 찾아 실행해야 합니다.


### 3. 모든 성읍에서 모여와서(20:4)

위기를 만났을 때, 모든 백성이 성읍에 모여 기도했습니다. 그 결과 국난의 때는 영적 부흥의 기회로 승화되었습니다. 신앙은 위기를 부흥으로 만들어내었습니다.

우리는 위기를 만나 무너질 수도 있고, 위기를 만나 일어설 수도 있습니다. 위기를 패망으로 가는 지름길로 만들 수도 있고, 부흥의 전기로 삼을 수도 있습니다. 이 엄청난 차이는 어떻게 반응하는가에 달려 있습니다.

위기를 만났습니까? 그러면 위기를 만났을 때 여호사밧과 그의 백성들이 했던 것 같은 반응을 해야 합니다. 위기 상황일 때, 기도와 간구로 구할 것을 감사함으로 하나님께 아뢰면 하나님이 우리의 마음과 생각을 지키십니다(빌 4:6-7). 하나님이 지키신 우리의 마음과 생각이 위기를 도약과 부흥의 기회로 바꾸어 냅니다. 위기가 오히려 성장과 성숙이 되는 기적이 일어납니다.

기도

주님, 위기를 만났을 때 믿음으로 반응하게 해 주십시오. 위기를 도약과 부흥의 기회로 바꾸는 삶을 살게 해 주십시오.

요점 정리

1. 위기 불안이란 위기상태가 지속됨으로써 야기되는 불안이다. 위기가 없는 인생을 사는 것은 불가능하다. 우리가 할 일은 위기를 맞을 때 이를 잘 극복하여 위기를 오히려 성장과 성숙의 기회로 삼는 것이다.

2. 위기가 왔을 때 믿음으로 반응하라. 기도와 신앙으로 위기에 대처하라. 믿음으로 반응할 때 위기는 도약과 부흥, 성장과 성숙의 기회가 된다.

삶의 치유와 회복을 위한
HEALING TALK

# — TALK —
# **HEALING**

치유 공동체로의 부르심

치유 TALK

불안극복 TALK

우울극복 TALK

Part.4

우울 극복 TALK

# 33 성도가 우울증을 다루어야 하는 이유

본문말씀 **빌립보서** 4:10-13

##  마음 열기

1. 살아오는 동안 우울증을 앓는 사람을 본 일이 있습니까?
2. 나는 우울증에 관해 어떻게 생각합니까?

### ✿ 예배 인도 순서

| | |
|---|---|
| 사도신경 | 다 같이 |
| 찬 송 | 91장(통 91) |
| 기 도 | 회원 중 |
| 본문 말씀 | 빌 4:10-13 |
| 헌금 찬송 | 455장(통 507) |
| 헌금 기도 | 회원 중 |
| 주기도문 | 다 같이 |

## 📖 말씀 나누기

우울증은 일시적인 우울과는 다릅니다. 우울증은 사람의 전반적인 정신 기능이 계속 떨어져 일상생활에 악영향을 미치는 질병입니다. 제대로 대처하지 못하면 사람을 죽음에까지 이르게 하는 제법 심각한 질병입니다. 그동안 많은 사람이 우울증은 믿음이 없는 사람에게 오는 질병이라 믿었고, 자기에게 우울증이 있을 때는 감추어 왔습니다. 그러나 지구 전체 인구의 1/5이 우울증을 겪습니다. 모세(민 11:14), 한나(삼상 1:7, 1:16), 예레미야(렘 20:14-18) 같은 신앙의 사람들에게서도 우울 증상을 찾아볼 수 있습니다. 우울증은 인간이라면 누구나 사는 동안 한 번쯤은 마주할 수 있는 삶의 현실입니다. 우울은 인간이 당면한 보편적 문제 중의 하나입니다.

그러나 우울증은 믿음 안에서 다루어지기만 한다면 신앙의 깊이를 더할 수 있는 기회가 됩니다. 또 우울증으로 고통받는 사람들을 주님께로 인도하여 그들이 구원받는 계기가 되게 할 수도 있습니다. 성도가 우울증을 공부하는 일은 매우 유익합니다. 우리는 우울증을 공부함으로써 나를 성장시키고 많은 영혼을 살리는 기회를 얻을 수 있습니다.

본문은 감옥에 갇힌 바울이 쓴 편지입니다. 이 편지에서 우리는 우울증을 믿음으로 다루는 일에 관한 영적인 통찰을 얻습니다.

### 1. 감옥 안에서도 기뻐하라(10)

우울증은 마음을 감옥 안에 가두는 일입니다. 우울증은 우리를 폐쇄적이고 제한적이며 비활동적인 성향으로 만듭니다. 우울증을 앓는 일은 감옥생활을 하는 것과 비슷합니다. 지금 바울 사도는 감옥 안에서 이 편지를 적고 있습니다. 그런데 빌립보서는 '감사와 기쁨의 편지'로 알려져 있습니다. 비록 감옥 안에 있으나 바울은 늘 빌립보교회의 성도에게 감사하고, 그들을 기뻐합니다. 감사와 기쁨은 최고의 비타민입니다. 우울증을 방지하고 밝은 마음을 갖게 합니다.

### 2. 자족을 배우라(11)

자족이란 모든 외적 압박을 견디는 능력입니다. 바울은 궁핍함을 불평하지 않고 어떤 형편에서든지 자족한다고 말합니다. 사실 감옥 안에서 감사하고 만족하는 일은 쉽지 않습니다. 하지만 바울은 그렇게 합니다. 어떤 상황에서든지 하나님이 자신에게 최고의 것을 주신다는 것을 알았기 때문입니다. 환경의 충족보다 우리에게 필요한 것은 자족입니다. 수많은 문제와 질고 앞에서 자족하는 사람은 어떤 상황에 있든지 든든하게 섭니다. 흔들리더라도 얼마 안 있어 다시 자기가 있어야 하는 자리로 돌아오는 탄력성을 가집니다.

## 3. 배우라(12)

바울 사도는 비천에 처할 줄 알고, 풍부에 처할 줄도 알았다고 합니다. 인생의 모든 상황에서 만족하는 비결을 '배웠다'는 말입니다. 우리는 태어날 때 모든 것을 가진 채 태어날 수 없습니다. 태어난 뒤 배워가는 것입니다. 선천적으로 낙관적인 사람, 선천적으로 좋은 가문에서 난 사람, 선천적으로 사교성이 있는 사람도 있지만 바울 사도처럼 태어나 계속 배워가며 성장하는 사람도 있습니다. 좋은 성품을 가진 채 태어나지 못했다고 자책하지 말고 배워야 합니다.

## 4. 자신감을 가지라(13)

정신건강은 마음에 달려있습니다. 사도 바울은 인생 말년에도 "능력 주시는 자 안에서 내가 모든 것을 할 수 있다."는 적극적인 자신감으로 충만했습니다. 우울증은 우리에게서 자신감을 자꾸 빼앗아 갑니다. 우리를 힘없는 인생으로 만들어 버립니다. 아무리 큰 사람이나 유력한 사람도 우울증에 걸리면 주저앉기 쉽습니다. 우울증의 함정에 걸리지 않으려면 하나님 앞에 나와서 예배하고, 말씀을 듣고, 기도함으로써 자신감을 잃지 말아야 합니다.

-기도

우울할 때는 주님을 바라보게 해 주십시오. 그럼으로써 나를 성장시키고, 많은 이들을 살리는 기회를 얻게 해 주옵소서.

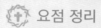 요점 정리

1. 우울증은 인간이라면 사는 동안 누구나 한 번쯤은 마주할 수 있는 질병이고, 우울은 인간의 보편적인 문제다. 우울증은 신앙 안에서 제대로 다루기만 한다면 신앙의 깊이를 더할 수 있는 기회가 되고, 많은 영혼을 주님께 인도하는 계기가 된다.

2. 우리는 '①감사하고 기뻐함으로써, ②자족함으로써, ③계속 배움으로써, ④자신감을 잃지 않음으로써' 우울증을 극복할 수 있다.

삶의 치유와 회복을 위한
HEALING TALK

# 34  우울증은 왜 올까요?

본문말씀 고린도후서 12:7-9

## 마음 열기

우울증은 왜 온다고 생각합니까?

## 예배 인도 순서

| | |
|---|---|
| 사도신경 | 다 같이 |
| 찬 송 | 242장(통 233) |
| 기 도 | 회원 중 |
| 본문 말씀 | 고후 12:7-9 |
| 헌금 찬송 | 563장(통 411) |
| 헌금 기도 | 회원 중 |
| 주기도문 | 다 같이 |

## 말씀 나누기

사람은 부서지기 쉬운 존재입니다. 사도 바울이 말한 것처럼 사람은 '질그릇'과 같아서 깨어지기 쉽습니다. 본문을 보면 바울은 몸에 '가시'를 지니고 있습니다. '가시'로 번역된 헬라어 '스콜로프스'는 '말뚝, 파편, 뾰족한 창'이라는 뜻입니다. '육체의 가시'를 직역하면 '몸에 말뚝이 박혀 있다.'는 뜻으로 견디기 어려운 심한 고통을 의미합니다. 바울을 고통스럽게 했던 가시가 무엇이었느냐에 대하여 여러 견해가 있습니다. 심리적인 고통으로서 죄책감, 히스테리 또는 우울증이라는 견해, 외부에서 오는 고통으로서 반대당의 공격, 밖에서 오는 핍박이라는 견해, 육체적인 고통으로서 '간질병, 심한 두통, 말라리아, 또는 안질'이라는 견해가 있습니다(갈 4:15). 바울은 본문에서 '육체에 가시 곧 사단의 사자(고후 12:7)를 주셨으니'라 말합니다. 사단(마귀)은 성도의 대적입니다(욥 1:6-9, 12). 가라지를 덧뿌리는 자(마13:39)요, 밤낮으로 성도들을 참소하는 자(계 12:10)요, 파괴자(계 9:11)요, 시험하는 자(마4:3)요, 무저갱의 사자(계9:11)요, 원수(마 13:39)요, 이 세상 임금(요12:31, 14:30, 16:11)이요, 귀신의 왕(마 12:24)이요, 공중의 권세 잡은 자(엡 2:2)요, 거짓의 아비(요8:14)요, 처음부터 살인자(요 8:44)로서 성도를 괴롭히는 자입니다. 바울은 하나님이 이방인의 사도로 택하신 사람입니다. 그런데 하나님은 왜 그토록 심한 가시(고통)를 사도 바울에게 주셨을까요?

## 1. 육체의 가시는 사람을 겸손하게 합니다(7)

바울은 자신에게 가시가 있는 이유를 "나를 쳐서 너무 자만하지 않게 하려 하심이라."고 합니다. "교만은 타락에 앞선다." 루터의 말입니다. '교만은 죄의 시작입니다. 교만한 사람에게는 하나님이 없습니다. 실패한 사람에게는 반드시 교만이 있으며, 지금까지 교만하여 망하지 않은 자는 한 사람도 없습니다. 사람은 눈앞의 고통만을 보고 절망하지만, 우리를 더 잘 아시는 하나님은 당장은 가시처럼 보이는 고통이 우리에게 있도록 허락하십니다. 그 안에서 교만을 없애고, 결국 복된 하나님의 사람으로 인생을 살아가게 하십니다. 그러므로 우리에게 온 가시는 하나님의 사랑입니다. 내게 온 실패, 빈곤, 사고, 질병, 자녀의 방탕 등의 가시는 내 인생을 바꾸는 전환점이요, 내가 새롭게 되는 기회입니다. 우울증이라는 따가운 가시 역시 우리를 겸손하게 만드시는 하나님의 방법 가운데 하나입니다.

## 2. 육체의 가시는 우리가 기도하게 합니다(8)

바울은 "이것이 내게서 떠나기 위하여 내가 세 번 주께 간구하였다."고 합니다. 문제 해결의 첫걸음은 기도하는 데 있습니다. 문제가 있을 때, 그저 걱정하고 근심하고 한숨 쉬고 염려에만 싸여 있는 사람이 있습니다. 그러지 말고 기도해야 합니다. 기도할 때 하나님이 우리의 마음과 생각을 지키십니다(빌 4:6). 환난 날에 기도하면 하나님이 우리를 문제 가운데서 건지십니다(시 50:15).

여러분에게는 어떤 가시가 있습니까? 혹시 그 가시가 당신을 괴롭히는 우울증입니까? 그렇다면 우울증 때문에 염려하고 걱정하며, 좌절하지 말고 하나님께 나오시기를 바랍니다. 새벽마다 작정하고 금식해 보세요. 철야 기도해 보세요. 여러분의 가시인 우울증은 고쳐져서 나중에는 축복이 될 것입니다.

## 3. 육체의 가시는 주의 능력을 경험하게 합니다(9)

바울은 오히려 약한 것을 자랑합니다. 약한 것 때문에 '그리스도의 능력'이 자신에게 머물기 때문입니다. 그래서 바울은 "약한 그때에 강함이라."고 담대하게 외칩니다. 바울은 자신을 괴롭게 하는 가시에서 벗어나기 위해 기도하다가 위대한 신앙의 역설을 깨달은 것입니다. 가시는 바울에게 주어진 위장된 축복이었습니다. 바울은 매일 육체의 가시를 안고 살았지만, 그 때문에 매일 하나님을 의지하는 삶을 살 수 있었습니다. 그리고 이것은 바울의 능력이 되었습니다. 바울은 탁월한 신학자였고, 수많은 교회의 개척자였고, 위대한 일을 많이 행했던 위인이었습니다. 하지만 가시가 있었기에 교만해지지 않고 겸손해질 수 있었고, 더욱 하나님께 기도할 수 있었습니다. 그럼으로써 자신의 힘으로는 결코 만들어내지 못하는 주님의 능력을 경험하였습니다.

우울증은 우리에게 있는 가시입니다. 우리가 앓고 있는 우울증은 우리를 상당히 괴롭힙니다. 우울증은 때로는 우리를 죽고 싶게 만들기도 합니다. 그러나 기억하십시오. 당장은 우울증 때문에 괴롭고 힘들지만, 결국 우울증은 선이 되고 복이 된다는 사실을 말입니다. 우울증 때문에 우리는 주의 능력을 입게 되고, 하나님 앞에 크게 쓰임 받습니다. 이 신앙의 역설을 기억하십시오.

기도

주님, 제게 있는 육체의 가시도 하나님의 사랑입니다. 육체의 가시를 통해 겸손해지고, 하나님만 의지하는 신앙이 되게 해 주십시오.

 요점 정리

1. 하나님의 사람에게도 육체의 가시(사단의 사자)가 있을 수 있다. 우리는 육체의 가시를 통해 겸손을 배우고, 기도하는 사람이 되며, 모든 순간 하나님을 의지하기에 하나님의 능력을 경험하는 사람이 되어간다.

2. 우울증은 육체의 가시다. 주님 안에 있으면 우울증은 결국 선이 되고, 복이 된다.

삶의 치유와 회복을 위한
HEALING TALK

# 35 우울증과 스트레스

## 🔆 마음 열기

1. 내가 받았던 스트레스 중에 가장 큰 스트레스는 무엇이었습니까?
2. 지금 내게 가장 스트레스를 주는 일, 혹은 사람은 무엇입니까?

### 🌸 예배 인도 순서

| | |
|---|---|
| 사도신경 | 다 같이 |
| 찬 송 | 453장(통 506) |
| 기 도 | 회원 중 |
| 본문 말씀 | 막 1:32-35 |
| 헌금 찬송 | 412장(통 469) |
| 헌금 기도 | 회원 중 |
| 주기도문 | 다 같이 |

## 📖✝ 말씀 나누기

우울증은 스트레스와 밀접한 관련이 있습니다. 우울증 예방과 치료에 스트레스 관리는 매우 중요합니다.

우리는 예수님에게서 어떻게 스트레스를 잘 관리할 수 있는지를 배웁니다. 예수님은 갈릴리 지역에서 공생애를 시작할 때, 말씀 전파 사역과 치유 사역에 전념하셨습니다. 사람들이 예수님께 많은 병자를 데리고 왔고, 그들은 치유 받았습니다. 그러자 놀라운 기적을 일으키는 사람이 나타났다는 소문이 급속히 퍼졌고, 예수님은 많은 병자를 고치셨습니다(막 1:32-34). 예수님은 매우 분주해지셨고, 스트레스를 많이 받는 상황에 노출되셨다는 뜻입니다. 매우 분주할 때 주님은 어떻게 스트레스를 해소하셨을까요?

## 1. 한적한 곳을 찾으셨습니다.

사람들은 계속 밀려옵니다. 시간이 흐를수록 예수님을 찾는 무리는 점점 늘어갑니다. 제자들은 어쩔 줄 몰라 하고 있습니다. 예수님 앞에는 많은 병자가 줄지어 자신들의 순서를 기다립니다. 밤이 깊어가도 병자의 수는 줄어들지 않습니다. 예수님이 머무시는 집 주변은 모여든 군중들이 내는 소음으로 옆 사람과 대화하기가 힘들 정도입니다. 일부 병자들은 막무가내로 밀고 들어와 자신들을 고쳐 달라고 하기도 합니다. 예수님은 크게 스트레스를 받으실 수 있는 상황에 놓여 계셨습니다. 그때 예수님은 한적한 곳을 찾으셨습니다. 스트레스로부터 자신을 보호하여 다시 병자들을 고칠 힘을 얻기 위해서였습니다.

우울증세를 느끼고 있습니까? 그렇다면 주변에 한적한 장소를 만드십시오. 만들 수 없다면 찾으십시오. 그리고 그리로 달려가야 합니다.

## 2. 기도하셨습니다.

예수님은 많은 일을 행하시면서도 기도하는 일을 놓치지 않으셨습니다. 기도할 때 많은 일을 행하는 능력을 얻을 수 있기 때문이었습니다. 기도는 능력이 솟는 샘이었습니다.

우울증이 나타날 때는 기도할 때입니다. 하나님의 백성은 기도를 통해 모든 일을 이룰 수 있습니다. 기도는 하나님의 능력이 내게로 쏟아지는 통로입니다. 무디 목사님은 '기도는 하나님의 자녀가 가진 가장 강력한 무기'라고 말한 바 있습니다. 기도의 강력한 화력을 활용하여야 합니다. 기도의 화력으로 우울증을 물리칠 수 있습니다. 기도는 성도에게 능력과 소망이며, 우울증을 치료하는 최고의 약입니다. 미국 탈봇신학교에서 오랫동안 실천신학을 가르쳤던 닐 앤더슨 교수는 이런 말을 했습니다. "훌륭한 상담자(Wonderful Counselor)가 우리 옆에 있음에도 그를 제외하는 기독교 상담이 놀라울 뿐이다." 우리 옆에는 훌

룡한 상담가가 계십니다. 우리가 볼 수 없는 숨겨진 상처까지도 하나님은 아십니다. 기도할 때 하나님은 어두운 부분을 보여주시며 가장 적절한 때에 빛으로 우리를 인도하십니다. 우울할 때 우리가 할 일은 기도함으로써 훌륭한 상담가 옆으로 다가가는 일입니다.

### 3. 다른 환경을 찾으셨습니다.

예수님은 영적 회복의 중요성을 알고 계셨습니다. 아무런 방해도 받지 않고 규칙적으로 하나님과 함께하는 시간이 자기의 일에서 얼마나 중요한지를 아셨습니다. 타인의 필요를 채워주는 일도 좋지만, 그것보다 먼저 하나님과 연결되는 시간이 필요하다는 사실을 잊지 않으신 것입니다. 병자를 고치던 곳은 예수님이 일하고 환영받던 장소였습니다. 그러나 예수님은 기도하신 뒤에는 과감히 그곳을 떠나셨습니다. 다른 장소를 찾으신 것입니다.

`우울증과 환경은 매우 밀접한 영향이 있습니다. 때로는 환경을 바꾸는 것이 우울증을 치료하는 명약일 수 있습니다.

 기도

많은 스트레스로 우울증이 찾아올 때, 한적한 장소로 나아가 훌륭한 상담가이신 하나님을 만나게 해 주십시오.

요점 정리

1. 우울증은 스트레스와 밀접한 관련이 있다. 우울중 예방과 치료에 스트레스 관리는 매우 중요하다.

2. 많은 스트레스로 우울증이 찾아올 때, 한적한 장소로 물러나라. 하나님과 연결될 시간을 낼 수 있도록 환경을 바꾸라. 물러난 그 자리에서 기도로 훌륭한 상담가이신 하나님을 만나라.

삶의 치유와 회복을 위한
HEALING TALK

# 36 남성의 우울증

본문말씀 **출애굽기 15:22-26**

 마음 열기

남성들은 남성의 우울증에 대한 편견이나 선입관 때문에 우울증이 있어도 쉽사리 그것을 터놓지 못합니다. 남성의 우울증에 관한 편견이나 선입관에는 어떤 것들이 있을까요?

### ✿ 예배 인도 순서

| | |
|---|---|
| 사도신경 | 다 같이 |
| 찬 송 | 435장(통 492) |
| 기 도 | 회원 중 |
| 본문 말씀 | 출 15:22–26 |
| 헌금 찬송 | 440장(통 497) |
| 헌금 기도 | 회원 중 |
| 주기도문 | 다 같이 |

### 📖 말씀 나누기

우리는 보통 남성이 여성보다 강하고, 사회 안에서 왕성하게 활동하기에 남성들은 우울증과 거리가 멀 것이라고 여깁니다. 우울증을 주로 여성이 걸리는 병으로 치부합니다. 우리 문화에서 남성의 정체성은 우울, 허약, 슬픔 같은 것들의 반대지점에 있습니다.

그러나 남성도 우울증의 늪에 빠집니다. 남성들은 우울증에 걸리게 되면 극단적 행동을 취하는 비율이 더 높습니다. 남성들은 사회적 인식 때문에 우울증에 걸려도 자각하지 못하거나 감추기 때문에 치료가 더 어렵습니다. 더군다나 남성들이 사회에서 차지하는 위치 때문에 남성의 우울증은 한 가정뿐만 아니라 사회를 뒤흔드는 문제가 됩니다.

본문에서 하나님은 '여호와 라파', 곧 '너희를 치료하는 여호와'로 소개됩니다. 우리를 치료하시는 하나님께서 우울증에 걸린 남성들을 치유하시길 소망합니다. 이 소망 안에서 본문을 나누며 남성들이 우울증을 극복하는 지혜를 찾아봅니다.

### 1. 정확한 진찰을 받아야 합니다

하나님은 우리 영혼의 의사이십니다. 눈으로는 볼 수 없는 우리 내면의 상태를 가장 정확하게 진단하실 수 있는 분은 전지하신 하나님이십니다. 우리는 하나님께 정확한 진단을 받고, 그분이 우리에게 주시는 처방을 따라야 합니다. 거기에 치유가 있습니다.

### 2. 쓴물을 마실 때도 있음을 기억합시다

이스라엘 백성은 하나님의 도움으로 홍해를 육지 같이 건넜습니다. 하지만 기적을 경험한 직후 곧바로 수르 광야로 들어가 마실 물이 없는 상황을 만났습니다. 마라에 이르렀으나 거기에서는 쓴물을 만났습니다.

이처럼 인생의 길은 항상 순탄하지 않습니다. 계획대로 되지 않는 게 인생입니다. 인생에는 홍해의 기적 같은 즐겁고 흥분되는 순간만 있는 게 아니라 마실 물이 없거나 있어도 쓴물인 경우가 허다합니다. 이것이 인생임을 직시하고, 받아들여야 합니다.

### 3. 하나님께 기도해야 합니다

이스라엘 백성들은 광야에서 3일을 걸은 뒤 물이 없자 모세를 원망했고, 모세는 하나님께 기도했습니다. 이스라엘 백성은 쓴물을 마셨을 때 불평하고 원망하며 애굽으로 돌아가자고 했지만, 모세는 하나님께 기도했습니다. 같은 사건이지만, 반응은 전혀 달랐습니다. 2가지 반응 중 옳았던 반응은 기도하는 것이었습니다. 모세가 하나님께 기도했을 때, 쓴물은 단물이 되었습니다.

마실 물이 없고, 물이 있어도 쓴물 같은 상황일 때 우리는 2가지 반응을 할 수 있습니다. 모세의 반응을 선택하십시오. 기도로 행동하십시오. 삶의 조건이 변하는 기적이 일어납니다.

### 4. 인생의 근본 문제 해결과 치유가 하나님께 있음을 기억합시다

하나님께 기도했을 때, 하나님은 해결책을 주셨습니다. 하나님이 지시한 대로 한 나무를 꺾어 물에 던지자 쓴물은 단물이 되었습니다. 그리고 그 자리에서 하나님은 자신을 치료의 하나님으로 소개하시며, 이스라엘 백성에게 치유의 약속을 하십니다.

인간은 살면서 수르 광야의 마라와 같은 상황을 자주 만납니다. 거기에 더해 죄라는 심각한 질병에 걸린 인간의 마지막은 죽음입니다. 허물과 죄라는 심각한 질병이 있기에 마침내 죽는 존재라는 것이 인간에 대한 성경의 진단입니다.

하지만 여기 구원의 길이 있고, 치유의 처방이 있습니다. 그것은 치료의 하나님을 만나는 것과 그분이 주시는 복음을 받아들이는 일입니다. 하나님의 처방에 귀를 기울이고, 그 처방에 순종하는 사람은 구원받고 치유됩니다. 인류의 심각한 질병을 치료하시기 위해 하나님은 당신의 아들 예수 그리스도를 이 세상에 보내셨습니다. 하나님은 예수 그리스도를 통하여 인간이 심각한 영혼의 질병을 치료받을 수 있는 구원의 길을 열어주셨습니다. 진정 살고자 하고, 치유 받기를 바라는 사람은 이 처방을 받아들여야 합니다.

-기도

주님, 우울증을 앓는 남성들이 하나님을 만나게 하소서. 고통받는 그들에게 인생의 근본 문제가 해결되고 우울증이 치유되는 은혜를 주시옵소서.

## 요점 정리

1. 남성 우울증에 관한 사회적 인식 때문에 남성들은 우울증을 감추거나 자각하지 못한다. 그래서 남성의 우울증 치료가 더 어렵다. 그리고 남성의 사회적 위치 때문에 남성 우울증은 많은 문제를 일으킨다.

2. 남성도 우울증에 걸릴 수 있다. 우울증을 앓는 남성이 있다면 치료하시는 하나님께로 가라. 하나님을 만나라. 그분께 인생의 근본 문제가 해결되고 치유되는 은혜를 받아라.

삶의 치유와 회복을 위한
HEALING TALK

# 37 노인의 우울증

본문말씀 디모데후서 4:9-18

## 마음 열기

노년이란 시간의 특징에는 어떤 것들이 있습니까? 그 특징을 고려한다면, 노년이란 시간을 어떻게 보내는 것이 좋겠습니까?

## 예배 인도 순서

| | |
|---|---|
| 사도신경 | 다 같이 |
| 찬 송 | 559장(통 305) |
| 기 도 | 회원 중 |
| 본문 말씀 | 딤후 4:9-18 |
| 헌금 찬송 | 210장(통 245) |
| 헌금 기도 | 회원 중 |
| 주기도문 | 다 같이 |

## 말씀 나누기

노년은 삶의 마지막 시기로 그간의 삶에서 얻은 지혜와 통찰로 지난 삶을 돌아보고, 죽음 이후 새롭게 열릴 세계를 준비하는 기간입니다. 노년은 자투리 시간이 아닙니다. 인생의 다른 때처럼 내 인생의 눈부신 순간들입니다.

그런데 불행하게도 많은 노인이 인생의 마지막 시기를 고통 속에 보냅니다. 각종 질환과 치매 같은 노인성 질환에 시달립니다. 서러움과 아쉬움, 후회, 불안 속에 지내다가 세상을 떠납니다. 정신적 상처가 깊어져 우울로 이어지고, 깊은 우울을 앓다가 삶을 마감하기도 합니다.

누구에게나 인생의 겨울은 오고야 맙니다. 우리는 다가오는 겨울을 거부할 것이 아니라 겨울을 지혜롭게 준비해야 합니다. 본문은 사도 바울이 노년에 쓴 편지입니다. 사도 바울을 보며 우리는 인생의 겨울을 준비하는 지혜를 얻습니다.

### 1. 겨울이 오기 전에 마가를 데려오라(11)

마가는 1차 전도 여행 때 바울과 동행하다가 힘들다고 중간에 돌아간 사람입니다. 이때 바울은 상처를 크게 받았습니다. 그래서 2차 여행 때 다시 따라가겠다는 마가의 제의를 한사코 거절하였고, 이 때문에 바나바와 크게 다투고 헤어지기까지 했습니다. 마가는 이런 갈등을 일으켰던 장본인이었습니다. 그러나 인생의 겨울을 지나는 바울은 마가를 자기 곁에 두려고 합니다. 마가를 만나 지난날의 아픔을 위로하면서 마가복음을 기록할 만큼 성장한 그를 격려하고 싶었던 것입니다. 이 땅에서의 삶을 마감하기 전에 이전의 갈등과 상처를 해결하려는 바울의 모습이 아름답습니다.

노인이 되면 섭섭함과 서운함이 많아집니다. 그래서 괜찮고 좋았던 관계마저 틀어집니다. 노년이 그런 때가 되어서는 안 됩니다. 노년은 생전의 갈등과 상처를 내 삶의 아름다운 마침표로 승화시킬 기회입니다. 내 삶의 마지막이 오기 전에 우리들의 불편했던 인간관계는 회복되어야 합니다.

### 2. 겨울이 오기 전에 성경을 가져오라(13)

전도 여행을 자주 했던 바울은 성경이 두껍고 무거워서 믿을만한 이에게 성경을 맡겨놓고 다녔던 것 같습니다. 세상을 떠날 날은 가까워지고, 그의 눈은 점점 어두워갑니다. 이 상황에서 바울은 자기 삶의 방향이 되고, 기준이 되어주었던 하나님의 말씀을 한 번이라도 더 읽고자 합니다. "겨울이 오기 전에 성경을 가져오라."는 바울의 말에서 여전히 뜨거운 말씀 사랑이 드러납니다.

세상에 많은 책이 있습니다. 그러나 인생의 마지막에 도움이 될 책은 영원한 진리가 담긴 성경입니다. 인생의 겨울이 오기 전에 거룩하신 말씀 앞으로 나아가십시오.

### 3. 겨울이 오기 전에 마음을 넓히자(16)

그동안 많은 이들이 바울 곁을 떠났습니다. 하지만 바울은 "그들이 다 나를 버렸으나 그들에게 허물을 돌리지 않기를 원하노라."고 합니다. 그들이 나를 버릴 때는 서운하고 섭섭했지만, 돌이켜 본즉 그들이 자신을 떠난 이유가 저들에게만 있는 것이 아니라 자기에게도 있었다는 것입니다. 이것은 자신을 버린 사람들에게 관계 파탄의 책임을 전부 돌리지 않는 따뜻한 자기반성입니다. 우리는 본문에서 따뜻한 자기반성으로 자기 인생과 인생 안에 있던 모든 사람을 품는 신앙의 거인을 봅니다.

인생의 봄에서 시작해 겨울이 되는 동안 우리에겐 나를 버린 사람들이 많았습니다. 그 일이 상처로 남았기에 그들을 생각하면 비난하고 싶고, 원망하고 싶습니다. 특히 쓸쓸해진 노년이 되면 비난과 원망의 마음은 더 커집니다. 노인이 되면 마음이 좁아지기 쉽습니다. 마음이 좁아지면 내 인생의 겨울은 더욱 춥고 혹독해집니다. 나를 버린 책임을 다른 이에게만 돌릴 때, 우린 항상 책임을 다른 이에게 돌리고 스스로 무너지는 인생의 패배자가 됩니다. 우리는 항상 옳을 수 없고, 어른이라도 잘못할 수 있습니다. 설령 내가 옳았더라도 그 옳음이 사랑을 대신할 수는 없습니다. 이것을 알고 넓은 마음이 될 때, 우리 인생의 겨울은 따뜻해집니다.

 기도

주님, 인생의 겨울을 의미 있게 보내고 아름답게 삶의 마침표를 찍는 인생으로 저희를 이끌어 주시옵소서.

요점 정리

1. 노년은 내 인생의 자투리 시간이 아니라 인생의 다른 순간처럼 소중한 시간이다. 우리는 아름답게 삶의 마침표를 찍을 수 있도록 인생의 겨울을 준비해야 한다.

2. 우리는 '①불편했던 인간관계를 회복하고, ②거룩한 하나님의 말씀을 가까이하며, ③내 인생과 내 인생에 있었던 모든 사람을 따뜻하게 품음으로써' 인생의 겨울을 아름답게 보낼 수 있다.

삶의 치유와 회복을 위한
HEALING TALK

# 38 우울증과 영적 증상

본문말씀 이사야 53:4-6

## ☀ 마음 열기

우울증은 그릇된 신앙, 불신앙에 대한 하나님의 징계라는 견해를 들어보셨습니까? 그 견해에 대해 어떻게 생각하십니까?

### ☀ 예배 인도 순서

| | |
|---|---|
| 사도신경 | 다 같이 |
| 찬 송 | 459장(통 514) |
| 기 도 | 회원 중 |
| 본문 말씀 | 사 53:4-6 |
| 헌금 찬송 | 531장(통 321) |
| 헌금 기도 | 회원 중 |
| 주기도문 | 다 같이 |

### 📖 말씀 나누기

우울증에 대한 오해 가운데 하나가 우울증이 그릇된 신앙에서 비롯되었다고 생각하는 것입니다. 이 오해에 따르면 우울증은 불신앙에 대한 하나님의 징계입니다. 하지만 그렇지 않습니다. 우울증은 뇌 안의 생화학적 혼란이나 신경계 손상, 질병이나 감염의 결과로 오기도 합니다. 심리적 균형의 불일치가 원인일 때도 있습니다. 따라서 우리는 무조건 우울증을 불신앙의 결과로 보아서는 안 됩니다.

하지만 우울증을 우리 신앙에 영향을 주는 영적인 증상으로 세밀하게 살필 수 있어야 합니다. 우울증은 사람을 무기력하게 하고, 소극적으로 만들며, 심한 경우 자살로 몰고 가기도 하기 때문입니다. 영적인 이유만으로 우울증이 오는 경우는 적습니다. 그러나 일단 우울증에 걸리면 육적으로 영향받을 뿐 아니라 영적으로도 큰 영향을 받기에 성도들은 우울증세가 왔을 때 대충 다루지 말고 이를 심각하게 다루어야 합니다. 다시 말해 우울증의 원인을 무조건 영적 문제로만 다루지 않되, 우울증이 우리의 신앙에 미치는 심각한 영향을 고려해야 한다는 뜻입니다.

본문은 메시아이신 예수님이 받으실 고난에 대한 예언입니다. 예수님은 멸시받으셨고, 버림받으셨으며, 간고를 많이 겪으셨습니다(3). 우리를 치유하시기 위함이었습니다. 본문에서 메시아 예수님은 3가지를 치유하고 계십니다. 이 치유는 인간의 모든 영역을 다루고 있습니다. 예수님이 우리의 치유를 위해 받으신 고난 안에서 인간의 모든 우울은 치유될 수 있습니다. 예수님은 우리를 위해 어떤 치유를 행하셨을까요?

## 1. 영적 치유입니다(5)

"그가 찔림은 우리의 허물 때문이요 그가 상함은 우리의 죄악 때문이라(5)". 영적 치유의 핵심은 인간이 지닌 죄를 깨끗하게 하는 것입니다. 인간 안에는 인간의 힘으로는 처리할 수 없는 죄가 있습니다. 이 죄가 인간을 죽음과 질병으로 몰고 갑니다. 죄가 처리되지 않는 인생은 아무 소망이 없습니다.

예수님은 이 죄를 처리하셨습니다. 메시아이신 예수님에게는 인간이 가지지 못한 권세가 있습니다. 바로 '죄 사함'의 권세입니다. 예수님 외에는 사람들의 영적인 문제, 죄를 해결할 존재가 없습니다. 예수님은 십자가에서 우리의 죄를 깨끗하게 하심으로 우리를 치유하셨습니다.

## 2. 마음의 치유입니다(5)

'그가 징계를 받으므로 우리가 평화를 누리고(5)'. 주님이 죄가 있는 우리가 받아야 할 징계를 대신 받으시고, 우리에게 평화를 주셨습니다. 그 결과 주님을 만난 사람들은 누구나 평화를 누렸습니다. 십자가 형벌을 받던 강도도, 손

가락질 받고 소외된 삶을 살던 삭개오도, 불행한 삶을 살던 마리아도, 간음하다 붙잡혀 온 여인도 주님 덕분에 평화를 누리게 되었습니다.

평화는 우리의 마음이 누릴 수 있는 최선의 상태입니다. 하지만 죄가 있는 인간에게 마음의 평화는 너무 먼 이야기입니다. 결코 누릴 수 없는 상태입니다. 그러나 주님을 만날 때, 우리는 평화를 누릴 수 있습니다. 주님은 우리의 마음을 치유하여 평화를 주시는 분입니다.

### 3. 육신의 치유입니다

"그가 채찍에 맞음으로 우리는 나음을 받았도다(5)". 예수님은 우리의 영적 문제, 마음의 문제뿐 아니라 육신의 질병도 치유하십니다. 예수님께 나왔던 수많은 병자는 그들의 육신에 있던 질병을 치료받았습니다. 눈을 떴고, 간질이 나았고, 중풍 병이 나았습니다. 예수님 앞에 나올 때, 우리는 육신의 치유를 경험합니다.

 기도

우리의 치유를 위해 고난받으신 예수님 앞에 나옵니다. 주님, 우리의 우울을 고쳐주시옵소서.

## ✝ 요점 정리

1. 우울증의 원인은 그릇된 신앙이나 불신앙만이 아니다. 우울증의 원인을 무조건 영적 문제로만 다루지 않되, 우울증이 우리의 신앙에 미치는 심각한 영향을 고려하여 영적 증상으로 세밀하게 살펴야 한다.

2. 예수님의 고난과 그로 말미암은 치유는 인간의 모든 영역인 영과 마음, 몸을 다룬다. 따라서 예수님 안에서 인간의 우울은 치유될 수 있다. 예수님 앞에 나오라.

삶의 치유와 회복을 위한
HEALING TALK

# 39 우울증과 가족 지원

본문말씀 **마가복음** 2:1-12

## 마음 열기

혹시 가족이나 친지, 이웃 중에 우울증을 앓는 사람이 있습니까? 주변 사람이나 나는 그를 어떻게 돕고 있습니까?

### ✿ 예배 인도 순서

| | |
|---|---|
| 사도신경 | 다 같이 |
| 찬 송 | 441장(통 498) |
| 기 도 | 회원 중 |
| 본문 말씀 | 막 2:1-12 |
| 헌금 찬송 | 463장(통 518) |
| 헌금 기도 | 회원 중 |
| 주기도문 | 다 같이 |

## 말씀 나누기

우리는 매 순간 다른 사람의 도움 속에 살아 갑니다. 타인의 도움 없는 인생은 불가능합니다. 이런 우리에게 우울증에 걸리는 때는 어느 때보 다 다른 사람의 도움을 받아야 할 때입니다. 그 리고 이때 가장 큰 도움을 줄 수 있는 사람들이 바로 가족입니다. 내 인생에서 가장 가까운 곳에 있는 가족들은 내가 우울이라고 하는 어둠 속을 지날 때 가장 크게 도움을 줄 수 있는 사람들입 니다.

우울증은 누구에게나 올 수 있습니다. 언제 우리 가족 중에 우울증을 앓는 가족이 나올지 모릅니다. 우리가 대비하고 있다면 가족 중에 우 울증을 앓는 사람이 있을 때, 그들을 잘 도울 수 있습니다.

본문에는 중풍병자를 도와 그를 치유로 이끈 네 사람의 이야기가 나옵니다. 그들의 이야기는 우리가 어떻게 우울증을 앓는 가족을 도울 수 있는지에 관한 통찰을 제공합니다.

### 1. 포기하지 않는 일입니다

중풍 병자는 혼자 힘으로는 걸을 수도 없고, 제대로 앉아 있을 수도 없는 처지였습니다. 그는 침상에 누워서 꼼짝하지 못하는 중환자였습니다.

친구들은 중풍 병자의 곁에 있기에 지금 자기 친구가 매우 중한 병에 걸려 있다는 사실을 누구보다도 잘 알았습니다. 하지만 그들은 포기하지 않았습니다. 치료하시는 예수님께 자기 친구를 데려가기만 하면 나을 수 있다고 믿었습니다. 그래서 병든 친구를 침상에 눕힌 채로 주님께 데려갑니다.

여러분 주변에 우울증 환자가 있어도 포기하지 마십시오. 가족들의 도움으로 고칠 수 있습니다. 포기하지 않는 것, 우울증 치료의 시작입니다.

### 2. 협력해야 합니다

친구의 중풍 병을 고치기 위해 네 사람은 힘을 모았습니다. 그들은 협력하여 중풍 병자를 예수님께로 운반했습니다. 협력하였기에 그들은 전혀 움직일 수 없는 중풍 병자를 주님께로 메고 올 수 있었고, 상에 매달아 예수님 앞에까지 내려보낼 수 있었습니다. 예수님은 그 믿음을 보시고 중풍 병자를 고쳐주셨습니다. 친구의 치유를 위해 협력하는 그들의 믿음을 기쁘게 받으신 것입니다.

우울증은 쉽게 고칠 수 있는 질병이 아닙니다. 치유될 수 있도록 여러 사람이 힘을 모아야 하는 병입니다. 우리는 사랑하는 가족의 우울증 치료를 위해 힘을 모아야 합니다. 힘을 모을 때, 우울증 치료는 완치 쪽으로 한걸음 크게 나아갑니다.

## 3. 장애물을 극복하는 것입니다

사랑하는 친구의 치유를 위해 힘을 모았던 네 사람은 움직이자마자 곧 장애물을 만났습니다. 침상 채로 친구를 운반해야 했습니다. 그리고 문 앞까지 모인 많은 사람을 뚫고 지나가서 친구를 예수님께 데려가야 했습니다. 친구를 데려갈 수 없는 상황이 그들 눈앞에 있었습니다. 그러나 그들은 장애물을 넘어갑니다. 지붕으로 올라가 지붕을 뜯어 구멍을 내고, 친구가 누운 상을 그 구멍으로 달아 내렸습니다. 네 사람은 그렇게 장애물을 극복하고 예수님 앞에 내려놓았습니다. 장애물을 극복하는 그 자리가 치료가 일어나는 자리가 되었습니다.

"천국은 침노를 당하나니 침노하는 자는 빼앗느니라(마 11:12)." 우울증 치료라는 목적지로 가는 길에는 수많은 장애물이 있습니다. 하나를 넘어서면 다른 하나가 나타납니다. 포기하고 싶어집니다. 하지만 환자를 돌보는 가족들이 장애물을 극복하면 우울증은 정복되고 맙니다. 사랑이 넘지 못할 장애물은 없습니다.

 기도

주님, 사랑하는 가족이 우울증을 앓을 때 그를 도울 수 있게 해 주십시오.

요점 정리

1. 우울증에 걸리는 때는 어느 때보다 다른 사람의 도움을 받아야 할 때다. 그리고 이때 가장 큰 도움을 줄 수 있는 사람들이 바로 가족이다.

2. 사랑하는 가족이 우울증을 앓는다면, 치유가 어렵다고 치료를 포기하지 마라. 그의 치유를 위해 힘을 모으라. 치유를 목표로 나가는 길에 장애물이 나올 때마다 이를 극복하라.

삶의 치유와 회복을 위한
HEALING TALK

# 40 우울증과 교회 지원

본문말씀 **마태복음** 12:15-21

## ☼ 마음 열기

교회가 왜 우울증과 우울증을 앓는 사람들에게 관심을 가져야 할까요?

### ✤ 예배 인도 순서

| | |
|---|---|
| 사도신경 | 다 같이 |
| 찬 송 | 191장(통 427) |
| 기 도 | 회원 중 |
| 본문 말씀 | 마 12:15-21 |
| 헌금 찬송 | 419장(통 478) |
| 헌금 기도 | 회원 중 |
| 주기도문 | 다 같이 |

## 📖✝ 말씀 나누기

우울증은 현대인의 질병 가운데 조용히 찾아와서 사람을 집어삼키는 무서운 질병입니다. 교회 밖만이 아니라, 교회 안에도 우울증을 앓는 이들이 많습니다. 누구나 우울증을 앓거나 경험할 수 있습니다. 밝히지 않아서 그렇지 얼마나 많은 사람이 우울증세를 보이는지 모릅니다. 성경에도 우울증세를 가진 사람들이 나옵니다. 아브라함의 여종 하갈은 자살 충동을 가진 적이 있었습니다. 친형과 경쟁하는 사람이었던 야곱은 서러운 시간을 보냈습니다. 엘리야는 우상 숭배자들과의 대결에서 크게 이긴 뒤 극심한 우울증에 빠져 로뎀 나무 아래에서 죽기를 원했습니다. 교회는 우울증을 앓는 이들을 불신앙이라는 명분으로 정죄하지 말고, 그들이 우울증에서 나을 수 있도록 적극적으로 도와야 합니다. 교회는 이 세상 안에서 인간의 죄와 거기서 비롯되는 모든 병을 치유하는 치유 공동체로 하나님께 불렸기 때문입니다. 교회는 어떻게 우울증을 앓는 사람들을 도울 수 있을까요?

## 1. 예수님을 소개합니다

'예수께서 그들의 병을 다 고치시고(15)'라 성경은 기록합니다. 예수님은 자신을 찾아온 병자들을 다 고쳐주셨습니다.

오늘도 예수님은 우리의 모든 병을 다 고치십니다. 교회는 우울증에 걸린 사람들을 안타깝게 지켜만 보아서는 안 됩니다. 그들이 믿음으로 반응하도록 도전해야 합니다. 이를 위해 할 일은 치료자 예수님을 적극적으로 소개하는 일입니다. 우울증은 반드시 신앙 안에서 나을 수 있음을 믿고, 우울증을 앓는 사람에게 치료자 예수님을 소개해야 합니다. 예수님을 만나 인간의 본질적인 문제가 해결되고 영혼이 잘되면 범사가 잘된다는 것을 확신 있게 전하는 일이 교회가 할 일입니다.

## 2. 하나님과 친밀한 관계를 갖게 합니다

본문을 보면 예수님은 하나님과 친밀한 관계에 있었습니다. 예수님은 "내가 택한 종, 곧 내 마음에 기뻐하는 바 내가 사랑 하는 자로다(18)."라는 이사야의 예언이 자기를 가리켜 말한 것임을 분명히 인식하고 계셨습니다. 이 친밀한 관계가 예수님이 큰 사역을 감당하게 한 힘이었습니다.

우울증이 깊어지는 이유는 네트워크가 끊어질 때입니다. "나는 외롭다. 아무도 나를 돕는 이가 없다. 누구도 내게 유익이 안 된다. 상황은 계속 나빠지는데, 사람들은 나에게 무관심하다." 우울증을 앓는 사람이 지닌 이런 인식이 우울증을 깊게 하고, 그가 우울증에서 헤어 나오지 못하게 합니다.

의사들의 조언에 따르면 우울증을 앓는 환자들일수록 생활 리듬을 지키고,

일에서 잠시 떠나거나 환경을 바꿔야 하며, 치료에 협력해야 한다고 합니다. 그러나 무엇보다 주변 사람들을 신뢰해야 한다고 합니다. 신뢰와 친밀함이 바탕이 된 관계가 그를 치료로 이끌기 때문입니다. 교회는 우울증을 앓는 사람이 하나님과 친밀한 관계를 맺고, 그 관계 안에 깊이 머물 수 있도록 도와야 합니다. 이 영적 네트워크가 그를 치료의 자리까지 이끌어 갑니다.

### 3. 온유함으로 그의 곁에 머뭅니다

"그는 다투지도 아니하고, 들레지도 아니하리니 아무도 길에서 그 소리를 듣지 못하리라."고 했습니다(19절). 예수 그리스도의 온유하심을 나타내는 구절입니다. 예수님의 온유하심은 온 세상이 구원을 얻는 바탕이었습니다.

교회와 성도는 예수님이 가지셨던 이 자세를 가져야 합니다. 온유함으로 우울증에 걸린 사람들을 도와야 합니다. 구체적인 방법은 다음과 같습니다. 첫째, 따뜻한 마음을 갖고 품어주는 것입니다. 환자들은 "힘내라!"는 말을 제일 듣기 싫어합니다. 따뜻한 마음으로 그저 가만히 옆에만 있어 주어도 환자들은 힘이 납니다. 둘째, 관심을 많이 갖고 지켜 주는 일입니다. 증세가 심해지면 환자는 혼자 감당할 수 없습니다. 관심을 가지고 지켜보다가 증세가 심해질 때 그의 치료와 회복을 적극적으로 도와야 합니다. 셋째, 함께 머물며 희망을 놓지 않는 일입니다. 상한 갈대를 꺾지 않으시고 꺼져가는 심지도 끄지 아니하시는 주님을 본받아 끝까지 완치에 관한 소망을 가져야 합니다.

 기도

주님, 이 세상에는 우울증으로 고통당하는 사람들이 있습니다. 그들을 돕는 교회가 되게 하옵소서.

요점 정리

교회는 우울증과 우울증을 앓는 사람들에게 관심을 가져야 한다. 교회 안에도 우울증을 앓는 사람이 많고, 교회는 이 세상 안에서 인간의 죄와 거기서 비롯되는 모든 병을 치유하는 치유 공동체로 하나님께 불렸기 때문이다.

2. 교회는 '①예수님을 소개하고, ②하나님과 친밀한 관계를 갖게 하며, ③온유함으로 그의 곁에 머무는 것으로써' 우울증을 앓는 사람을 도와야 한다.

삶의 치유와 회복을 위한
HEALING TALK

# 41 우울증세

##  마음 열기

우울증세에는 무엇이 있을까요? 아는 대로 말해봅시다.

---

### ✤ 예배 인도 순서

| | |
|---|---|
| 사도신경 | 다 같이 |
| 찬 송 | 176장(통 163) |
| 기 도 | 회원 중 |
| 본문 말씀 | 욥 3:20-26 |
| 헌금 찬송 | 498장(통 275) |
| 헌금 기도 | 회원 중 |
| 주기도문 | 다 같이 |

### 📖 말씀 나누기

우울증은 단지 힘든 순간 생긴 정신상태나 의지가 약해진 상태, 슬프거나 기운이 없는 상태가 아닙니다. 여러 가지 원인이 작용하여 일어나는 정신병리 상태입니다. 의학과 심리학이 발전하면서 이제는 사회를 위협하는 질병으로 자리 잡은 우울증의 실체가 점점 밝혀지고 있습니다. 이런 현상은 바람직합니다. 우울증의 실체가 밝혀질수록 우울증의 완치 가능성 역시 올라갑니다.

본문은 욥의 탄식입니다. 욥의 탄식에서 우리는 우울증의 양상을 봅니다. 그럼으로써 우리는 우울증의 완치 쪽으로 한 걸음 다가갑니다. 욥처럼 우울증을 앓는 사람과 그를 가족이나 교회의 지체로 둔 사람이 있다면 욥의 증상을 보며 우울증의 실체를 파악하십시오. 그리고 기억하십시오. 하나님의 은혜를 입어 욥은 우울증을 극복하고 더 깊이 있는 사람, 경건한 신앙인으로 성숙했다는 사실을!

## 1. 우울증에 걸리면 자신감을 상실합니다

욥은 자신을 '고난받는 자, 마음이 아픈 자(20)'로 표현합니다. 우울증은 마음의 통증으로 인지할 수 있습니다. 마음이 슬프고 괴로운가요? 나 자신이 못나보이고 열등하다고 생각하나요? 모든 일에 의욕이 없고 축 처진 느낌이 계속드나요? 우울증의 징조입니다. 우울증은 나이, 성별, 직업, 경제적 여유에 상관없이 모든 사람에게 슬그머니 침투합니다. 욥은 1, 2장에서는 보통 사람들이 경험할 수 없는 엄청난 고난을 겪었음에도 대단한 평정심을 유지했었습니다. 그러나 3장에 와서 그는 무너지고 맙니다. 깊이 낙심하여 자신감을 상실하고, 그의 영성조차 곧장 곤두박질칩니다.

## 2. 우울증에 걸리면 절망감이 급습합니다

갑자기 두려움이 급습하는 것을 경험한 적이 있나요? 두려움이 급습하면 정신 차리기가 쉽지 않습니다. 정신이 혼미해지고, 몸의 중심을 잡기 힘들며, 머릿속이 아득하게 느껴집니다. 내가 발붙이고 있는지, 허공에 떠 있는지 헷갈릴 정도입니다. 우울증의 가장 확실한 증상은 감정에서 드러납니다. 심각한 우울증과 경미한 우울증의 차이는 있지만, 감정 변화는 우울증세를 판단하는 단서가 됩니다.

감정 변화를 보면 우울증에는 단계가 있습니다. ㉮ 슬픔 : 슬픔이 찾아옵니다. 이유 없이 공연한 슬픔이 계속될 때는 우울증을 의심해 보아야 합니다. ㉯ 절망 : 희망이 사라집니다. 소망이 끊어지고, 깊은 동굴 속으로 들어가듯 인생이 어둡게 느껴집니다. ㉰ 고립 : 나가기도 싫고, 누구와 만나기 싫으며, 대화나누기도 싫어집니다. ㉱ 죽음 생각 : 마지막으로 우울증에 걸리면 죽고 싶은 마음이 듭니다. 어리석은 일이지만 죽음이 탈출구로 느껴지는 것입니다.

욥의 경우는 매우 심각한 우울증의 단계를 보여줍니다. 그는 죽음과 무덤에 대해 생각합니다(21-22).

### 3. 우울증에 걸리면 신체적으로 약해집니다

우울증에 걸리자 욥에게는 여러 가지 신체 기능 저하 현상이 찾아옵니다. 욥은 음식 앞에서도 탄식한다고 합니다. 먹지 못하는 것입니다. 앓는 소리도 크게 들립니다(24). 또 욥은 그동안 무서워했던 것이 몸에 미치게 되었다고 합니다. 몸이 말을 듣지 않는 것입니다(25). 욥은 이제 자기에게는 평안도 없고, 안일도 없고, 휴식도 없고, 불안만이 남았다고 합니다(26).

마음의 질병은 신체와 연결되어 있습니다. 우울증은 신체를 약하게 만듭니다. 지금 욥이 그런 단계를 지나고 있습니다. 낙담으로 시작해서 깊은 절망의 터널을 지나다 보니 몸이 아프고, 몸의 곳곳에서 저하 현상이 나타납니다.

 기도

주님, 우울증세가 나타날 때 이를 알아차리게 해 주시옵소서

## 요점 정리

1. 우울증은 단지 힘든 순간 생긴 정신상태나 의지가 약해진 상태, 슬프거나 기운이 없는 상태가 아니다. 여러 가지 원인이 작용하여 일어나는 정신병리 상태다. 우울증세를 아는 일은 우울증을 치료하는 데 큰 도움이 된다.

2. 우울증에 걸리면 자신감을 상실하고, 절망감이 급습하며, 신체적으로 약해진다.

삶의 치유와 회복을 위한
HEALING TALK

# 42  우울증의 치유

본문말씀 **베드로전서 5:6-10**

## 마음 열기

내가 아는 우울증의 치유법은 무엇입니까?

---

### ✤ 예배 인도 순서

| | |
|---|---|
| 사도신경 | 다 같이 |
| 찬  송 | 211장(통 346) |
| 기  도 | 회원 중 |
| 본문 말씀 | 벧전 5:6-10 |
| 헌금 찬송 | 546장(통 399) |
| 헌금 기도 | 회원 중 |
| 주기도문 | 다 같이 |

### 📖 말씀 나누기

우울증을 대할 때마다 늘 우리가 묻게 되는 질문이 있습니다. "우울증은 죄인가?" 우울증을 죄라 여기면 우리는 우울증을 앓는 사람을 정죄하게 됩니다.

"죄가 있으니까 우울증에 걸린 게지. 믿음이 부족하니까 우울증에 걸리는 거야! 기도하면 나을 텐데 왜 기도하지 않아?"

우울증을 앓는 사람은 그 상태만으로도 힘든데, 믿음이 있다고 하는 사람들이 하는 말은 우울증을 앓는 사람들을 더 힘든 상황으로 몰고 갑니다. 말 하나하나가 깊은 상처를 줍니다.

반면 우울증을 죄라 여기지 않더라도 우리는 우울증에 관해 잘 모릅니다. 그래서 우리가 할 수 있는 말은 고작 "기도해. 하나님이 도우실 거야!" 정도입니다.

우울증에 걸린 사람들에게는 이런 말들이 모두 상처가 됩니다. 우울증은 결코 죄가 아닙니다. 몇 번의 신앙적 처치로 낫지 않습니다. 우울증은 우울증을 앓는 사람을 세심하게 돌보는 사랑과 전문적인 지식, 균형 잡힌 신앙으로 다루어야 하는 인생의 질병입니다. 적절한 약물치료와 주변 사람들의 따뜻한 정서적 지원, 영적 치료가 더해질 때 우울증은 완치됩니다.

성경은 우울증 환자들에게 최선의 치유책을 소개합니다. 우울증을 앓는다면 적절한 치료를 받으며 본문을 되풀이하여 읽으십시오. 우울증을 앓는 가족이나 이웃에게 세심하게 사랑을 주며, 적절한 치료를 권하고, 본문을 되풀이하여 읽을 것을 권면하십시오. 우울증은 반드시 치료됩니다!

## 1. 겸손해야 합니다(6)

"우울증을 앓는다."는 것은 "더 내려갈 곳이 없는 낮은 자리에 있다."는 뜻입니다. 우울증을 앓는 상황이 비참하게 여겨질 것입니다. 내가 한없이 초라해 보일 것입니다. 그러나 관점을 바꾸어 "나는 지금 하나님이 찾으시는 겸손을 연습하는 자리에 있다."고 여기십시오. 하나님 안에 있으면, 아래로 깊이 내려가는 일은 위로 높이 올라가는 일이기도 합니다. 때가 되면 반드시 하나님이 높여주십니다.

## 2. 염려를 하나님께 맡기십시오(7)

염려는 마음의 습성입니다. 우리는 평안할 때도 염려부터 합니다. 염려로 시작해 염려로 마치는 것이 마음이 하는 일입니다. 우울증에 걸리면 이런 습성은 더 심해집니다. 모든 순간, 모든 일을 염려하게 됩니다. 그러나 염려한다고 해서 달라지는 일은 없습니다. 상황은 바뀌지 않고, 삶만 더 무거워집니다. 염려를 하나님께 맡기십시오. 하나님께 내 안에 일어나는 염려를 낱낱이 아뢰십시오. 내 생각에 갇혀 미래를 판단하거나 예상하는 일을 멈추십시오. 그리고 "너는 내 안에 있다. 나는 너와 함께다."라 말씀하시는 하나님을 바라보고, 하나님의 음성에 귀를 기울이십시오.

### 3. 사탄을 대적하십시오(8-9)

사탄은 강합니다. 사탄이 우리를 넘어뜨리기 위해 사방을 다니고 있다는 것은 사실입니다. 사탄은 실존합니다. 하지만 두려워할 것이 없습니다. 사탄보다 주님이 더 강합니다. 사탄이 아무리 강할지라도 그리스도 안에 있는 성도는 건드릴 수 없습니다. 사탄은 반드시 패배할 것이고, 성도인 우리는 승리를 누릴 것입니다. 이 진리를 아는 믿음으로 사탄을 대적하십시오.

### 4. 내가 완치될 것을 믿으십시오(10)

우울증을 앓는 지금, 나는 말할 수 없이 약합니다. 나는 지금 고난 속에 있습니다. 그러나 이 고난은 잠깐입니다. 하나님께서 나를 친히 온전케 하시며 굳게 하시고 강하게 하시며 터를 견고케 하실 것입니다. 나는 하나님의 은혜로 반드시 완치됩니다! 이 약속 위에 견고히 서십시오.

 기도

주님, 주님 안에서 우리가 앓는 우울증이 완치될 줄 믿나이다! 완치를 주실 주님을 바라봅니다.

요점 정리

1. 우울증은 우울증을 앓는 사람을 세심하게 돌보는 사랑과 전문적인 지식, 균형 잡힌 신앙으로 다루어야 하는 인생의 질병이다. 적절한 약물치료와 주변 사람들의 따뜻한 정서적 지원, 영적 치료가 더해질 때 우울증은 완치된다.

2. 우울증이 있다면, ①겸손하라. ②모든 염려를 하나님께 맡기라. ③성도는 반드시 승리한다는 믿음으로 사탄을 대적하라. ④나는 하나님의 은혜로 완치될 것이라는 약속 위에 서라.

삶의 치유와 회복을 위한
HEALING TALK

# 43 우울증이 주는 유익

본문말씀 **고린도후서 11:23-33**

 **마음 열기**

고난이 내게 주었던 유익에는 무엇이 있습니까? 고난받았을 때, 나는 무엇을 배웠습니까?

## 예배 인도 순서

| | |
|---|---|
| 사도신경 | 다 같이 |
| 찬 송 | 420장(통 212) |
| 기 도 | 회원 중 |
| 본문 말씀 | 고후 11:23-33 |
| 헌금 찬송 | 324장(통 360) |
| 헌금 기도 | 회원 중 |
| 주기도문 | 다 같이 |

## 말씀 나누기

본문은 바울의 고생담입니다. 본문에는 바울이 당했던 고난이 생생하고 상세하게 묘사되어 있습니다. 고난을 받을 당시에는 이런 일들이 바울 사도에게 커다란 고통이었습니다. 그러나 훗날 돌아보니 그러한 어려움을 겪었기에 바울은 가장 빛나는 사도가 될 수 있었습니다.

성경에 나오는 신앙의 거인들과 믿음의 선배들은 하나 같이 고난과 어려움 중에서 승리의 역사를 만들어낸 사람들이었습니다. 고생과 수고, 고민이 없는 인생은 하나도 없습니다. 그러나 고통으로 가득한 시간을 통과하면 욥처럼 일어서게 됩니다.

우울증은 걸려본 사람만이 아는 매우 고통스

러운 질병입니다. 그러나 이 고통을 통과하면 많은 유익이 있습니다. 그 유익의
내용이 무엇인지 나누어 봅니다.

## 1. 바울은 고난을 통해 자신이 진정한 사도임을 보여주었습니다.

본문은 사도 바울이 거짓 사도들을 경계하며 자신이 참 사도인 것을 변증하
는 과정에서 전한 내용입니다. 바울은 자신이 전도 여행 중에 받았던 고난을
말하면서 자신이 참 사도라고 말합니다. 삶이 곧 그가 전한 메시지였기 때문입
니다. 바울은 정말 똑똑한 사람이었습니다. 배움이 훌륭한 사람이었습니다. 그
러나 그것이 그가 참 사도인 것을 증명하지 않습니다. 그가 참 사도라는 사실
은 그의 삶이 증명합니다. 극심한 고난 중에서도 하나님이 주신 사명을 버리지
않는 일이 바로 바울이 참 사도라는 가장 확실한 증명입니다.

어려운 순간에도 주님을 붙잡는 사람이 참 그리스도인입니다. 우울증을 앓
을 때도 하나님을 붙잡는 일. 이것은 내가 참된 그리스도인이라는 증거입니다.
우울증이라는 고통을 통과하며 우리는 내가 참 그리스도인이라는 증명서를
쓰게 됩니다.

## 2. 바울은 고난을 통해 성숙하였습니다

바울은 이론가가 아니었습니다. 그는 행동하는 사람이었습니다. 그는 이론을
행동으로 옮김으로써 살아있는 지식을 얻고, 체험을 통해 하나님이 쓰시는 사
람으로 성숙하는 사람이었습니다.

다윗과 솔로몬의 차이를 생각해 보셨습니까? 다윗은 하나님을 끝까지 잘 섬
기다가 세상을 떠납니다. 그러나 솔로몬은 처음에는 하나님을 잘 섬겼으나 나
중에는 타락합니다. 왜 이런 차이가 날까요? 다윗의 신앙은 체험신앙이고, 솔로
몬의 신앙은 이론신앙이었기 때문입니다.

하나님의 쓰임을 받기 위해서는 이론으로만 알아서는 안 되고, 체험으로도
알아야 합니다. 하나님은 체험으로 알지 않은 사람, 곧 훈련되지 않은 사람은

쓰시지 않습니다. 훈련 중에서 최고의 훈련은 바로 고난 체험입니다. 고난 체험은 우리를 하나님이 쓰시는 성숙한 사람으로 빚어냅니다. 지금 내가 받는 고난은 결코 무의미하거나 무익하지 않습니다.

### 3. 바울은 고난을 통과함으로 진정한 자랑거리를 얻습니다

보통 약한 것은 감추게 마련입니다. 그런데 바울은 약한 것을 자랑합니다 (30). 바울은 자신의 약한 것, 부족했던 것, 부끄러웠던 것들을 모두 자랑거리로 승화시킬 줄 아는 사람이었습니다.

주님 안에 있을 때, 과거의 불행은 훌륭한 간증 거리가 됩니다. 옛날의 고생은 수치가 아니라 자랑입니다. 하나님을 신뢰하는 사람에게는 여름도 좋은 날이며, 겨울도 좋은 날입니다. 즐거운 일을 만나는 일도 복되고, 슬픈 일을 당하는 것도 복입니다.

지금은 비록 우울증 때문에 고통스럽습니다. 그러나 내가 주님 안에 있다면 이 고난은 훗날 나의 자랑이 됩니다. 고난 안에 있는 이 시간은 내가 정말 믿음의 사람이라는 증명을 만드는 기간이고, 내 인생 전체를 진보시키는 과정입니다.

기도

주님, 어려움과 고난 속에서도 찬양할 수 있는 성숙한 신앙이 되게 하소서.

## ✚ 요점 정리

1. 고난과 어려움 없는 인생은 없다. 신앙은 믿음으로 고난과 어려움을 이기고 승리의 역사를 만들어내는 것이다.

2. 인간은 우울증이라는 고난을 통과하며 ①내가 참 그리스도인이라는 것을 증명하고, ②하나님이 쓰시는 사람으로 성숙하며, ③자신의 약한 것, 부족한 것, 부끄러운 것들을 모두 자랑거리로 승화시킨다.

삶의 치유와 회복을 위한
HEALING TALK

# 44  우울증을 이기는 10가지 법칙 1

본문말씀 **욥기** 10:1-10

 **마음 열기**

우울증을 이기는 신앙의 방법에는 무엇이 있을까요?

---

### ✈ 예배 인도 순서

| | |
|---|---|
| 사도신경 | 다 같이 |
| 찬 송 | 540장(통 219) |
| 기 도 | 회원 중 |
| 본문 말씀 | 욥 10:1-10 |
| 헌금 찬송 | 419장(통 478) |
| 헌금 기도 | 회원 중 |
| 주기도문 | 다 같이 |

### 📖 말씀 나누기

자, 이제 정리할 시간입니다. 지금까지 봐 온 것처럼 우울증이 나쁜 것만은 아닙니다. 이런 과정을 통해 우리는 더 성숙한 자리로 나갑니다. 낮게 내려가는 것으로 높이 올라갑니다. 다른 사람들을 더 깊이 이해하는 안목을 갖게 되고, 무엇이든 담을 수 있는 큰 그릇이 됩니다. 우울증은 우리가 하나님을 더욱 의지하게 하고, 인간을 기대하지 않는 법을 배우게 합니다. 우리는 믿음 안에서 우울증을 통과하며 하나님의 만져주심과 부드러운 치유를 체험합니다. 삶을 더 깊이 바라보게 되고, 사랑하게 되며, 주변 환경과 사람들을 더욱 소중하게 생각하게 됩니다.

성경에서 이런 승화의 과정을 잘 보여주는 사

람이 욥입니다. 욥에게서 우울증을 이기는 10가지 법칙을 찾아보겠습니다.

## 1. 하나님을 믿고 신뢰하십시오

욥은 힘들고 어려울 때 하나님을 찾았습니다(2). 우리가 신뢰하는 대상이 하나님이 아니라면 우리는 반드시 실망하게 되어 있습니다. 그것들은 다 변하는 것들이기 때문입니다. 선천적이고 유전적 요인이 아니라면 우울증은 대부분 주변 환경과 인간을 신뢰하였다가 거기서 내 기대를 채우지 못할 때 옵니다. 하나님을 찾아야 우울증을 이깁니다. 성경은 "하나님을 믿고 신뢰하라."고 권면합니다(시 27:14, 42:1, 5; 잠 3:5-6). 우리는 하나님을 신뢰함으로써 영적 침체와 우울증을 극복할 수 있습니다.

## 2. 마음에 떠오르는 죄를 고백하고 하나님께 용서를 구해야 합니다

욥은 심한 고통 앞에서 자기의 죄를 인정하지 않고, 도리어 하나님께 항의합니다(7). 훗날 시간이 지나자 욥은 자신이 죄인인 것을 고백합니다(욥 42:6). 죄를 고백하는 시간이 빠를수록 고통의 기간도 단축됩니다. 다윗은 죄를 용서받은 자의 참된 행복을 노래했습니다(시 32:1, 3, 10). 죄 없는 사람은 없습니다. 인간 앞에서 죄를 고백하는 일은 부끄러운 일이나, 하나님께 죄를 아뢰는 일은 결코 부끄러운 일이 아닙니다. 오히려 회개는 즉시 내게 영적인 자유와 새로운 출발을 줍니다.

## 3. 기도하고, 기다리십시오

치유되지 않는다고 조급하지 마십시오. 욥이 고백한 것처럼 주의 날은 사람의 날과 같지 않습니다(5). 기다림은 지루하고 힘들지만, 한편으로 영적 성숙과 성장을 가져옵니다(약 1:4). 기도하면서 인내하는 것은 진흙이 고귀한 그릇으로 빚어지는 과정입니다. 항상 낙망하지 말고 기도해야 합니다(눅 18:1).

## 4. 휴식을 취하십시오

하나님은 우울증을 심하게 앓던 엘리사가 마시고 먹게 하셨고, 그를 재우셨습니다. 그러자 기운이 난 엘리야는 호렙산으로 갑니다. 거기서 여호와의 음성을 듣고, 다시 잊었던 사명을 부여받습니다(왕상 19:1-18). 부족한 영양을 보충하시고, 적당한 운동과 여가를 즐기십시오. 그리스도인답게 쉬십시오. 그때 우울증은 사라지고, 영적 침체라는 결박은 풀어집니다.

### 5. 모든 것에 끝이 있음을 기억하십시오

욥의 인생이 어떤 결말을 가져왔는지 우리는 잘 압니다(약 5:11). 영원히 비오는 날만 계속되지 않습니다. 기차가 빠져나오지 못할 터널은 없습니다. 터널에 진입하여 달리는 기차는 실상은 산을 통과하고 있는 것입니다. 우리가 우울증이란 터널을 지나는 시점은 내 인생이란 큰 산을 통과하는 시점입니다. 우울증을 앓았던 유명한 설교자 스펄전 목사님은 "모든 위대한 업적 앞에는 어느 정도의 우울과 침체가 있는데, 이는 상당히 당연한 것이다."라 했습니다. 탈봇은 이런 말을 했습니다. "당신이 바닥에 떨어질 때 그곳에서 하나님을 발견하라." 그렇습니다. 바닥에 내려갈 때는 하나님을 만날 때입니다. 요나가 그랬고, 엘리야가 그랬습니다. 욥도 인생의 밑바닥에서 하나님을 발견했습니다. "이제 내 인생은 끝이다."라고 쉽게 결론 내리지 말아야 합니다. 지금 우리가 앓는 우울증에는 반드시 끝이 있습니다.

 기도

주님, 하나님 안에서 믿음으로 우울증을 다루게 해 주십시오. 그래서 더욱 성숙한 신앙인으로 자라게 해 주옵소서.

요점 정리

1. 우울증은 마냥 나쁘지 않다. 우리는 우울증을 믿음 안에서 다루며 더 성숙한 신앙인으로 자라갈 수 있다.

2. 우울증을 이기는 10가지 법칙은 이렇다. ①하나님을 믿고 신뢰하라. ② 마음에 떠오르는 죄를 고백하고 하나님께 용서를 구하라. ③기도하고, 기다리라. ④휴식을 취하라. ⑤모든 것에 끝이 있음을 기억하라.

# 45 우울증을 이기는 10가지 법칙 2

본문말씀 **욥기 10:1-10**

## 마음 열기

우울증을 이기는 5가지 법칙은 무엇입니까?

### ☀ 예배 인도 순서

| | |
|---|---|
| 사도신경 | 다 같이 |
| 찬 송 | 321장(통 351) |
| 기 도 | 회원 중 |
| 본문 말씀 | 욥 10:1-10 |
| 헌금 찬송 | 216장(통 356) |
| 헌금 기도 | 회원 중 |
| 주기도문 | 다 같이 |

## 말씀 나누기

우울증이 낫기 어려운 질병인 것은 맞습니다. 하지만 절대 낫지 않는 병인 것은 아닙니다. 주님 안에서 제대로 다루어진다면 우울증은 오히려 인생의 성장과 성숙의 기회가 됩니다. 지난 시간에 이어 우울증을 이기는 10가지 법칙 중 나머지 5가지를 소개합니다. 우울증을 앓는 우리 가족과 이웃들이 모두 우울증을 이기게 되기를 소망합니다.

### 6. 상황을 받아들이십시오

변화가 불가능하다면, 그 상황을 수용해야 합니다. 절망도 소중한 삶의 한 부분이라는 사실을 기억합시다. 우울한 상황도 내 삶의 일부로 받아들이십시오. 살다 보면 맑은 날도 있고, 흐린 날도 있으며, 비 오는 날도 있는 것입니다. 바울은 '우리가 사방으로 우겨 쌈을 당하여도 싸이지 아니하며 답답한 일을 당하여도 낙심하지 아니하며 박해를 받아도 버린 바 되지 아니하며 거꾸러뜨림을 당하여도 망하지 아니하고(고후 4:8-9)'라 했습니다. 진주조개는 자기 살에 파고들어 아프게 하는 이물질을 감싸 안습니다. 자기 몸에 들어온 이물질을 제거하는 일은 불가능하기 때문입니다. 그런데 결국 자기의 눈물로 소중한 진주를 만들어냅니다. 고통스럽지만 지금의 고통을 안고 살아가는 법과 기술을 터득하십시오.

## 7. 믿음의 언어를 사용하십시오

언어는 씨앗입니다. 내가 과거에 심었던 말은 현실이 됩니다. 내가 지금 심는 말이 나의 미래입니다. 부정적인 언어는 사람을 낙망시키고, 사기를 끌어 내립니다. 부정적인 말을 하는 것은 내 영과 생명을 죽이는 행위입니다. 긍정적인 말, 믿음의 언어를 사용하는 것으로 절망스러운 상황을 소망으로 끌어 올려야 합니다. 믿음의 언어를 사용하여 감정을 새롭게 디자인하십시오. 부정적인 생각은 아예 거부하십시오. 부정적 언어를 사용하면 상황을 확대하거나 축소함으로써 상황을 잘못 봅니다. 긍정과 믿음의 언어를 사용하면 탈출구가 더 잘 보입니다. 긍정과 믿음의 말이 길을 열어줍니다.

## 8. 절대 포기하지 말고, 오늘을 감사하십시오

인생에서 많은 경우, 거의 목표지점에 도달한 마지막 순간에 포기하기 때문에 어떤 일을 이루지 못하는 경우가 많습니다. 내일 포기해도 되는데, 오늘 앞당겨서 포기하지 마십시오. 그리고 상황을 넘어 감사하십시오. 감사는 기적을 만들어냅니다. 감사를 잃은 사람은 삶에서 기적을 맛보지 못합니다. 감사 자체가 이미 우울증과 영적 침체를 극복하고 있다는 증거입니다. 기억하십시오. 그리스도인에게 절망은 없습니다.

## 9. 소망의 씨에 정열의 기름을 부으십시오

지금 완치에 대한 소망은 매우 작아 보입니다. 하지만 그 소망에 모든 것을 걸어 보십시오. 열심히 부채질하고 정성을 기울이면 작은 불씨가 결국 엄청나게 큰불이 됩니다. '소망이 우리를 부끄럽게 하지 아니함은 우리에게 주신 성령으로 말미암아 하나님의 사랑이 우리 마음에 부은 바 됨이니(롬 5:5)'라 했습니다. "내가 어떻게 느끼는가?"보다 중요한 게 있습니다. "하나님이 내게 무엇을 약속하셨는가?"입니다. 내 생각보다 중요한 것이 하나님이 주신 약속과 그에 근거한 소망입니다. 이미 여러분들에게 주어진 복들을 세어 보십시오. 미래에 주님이 이루실 일을 바라보십시오. 소망은 있습니다. 그렇다면 여전히 놀랄 정도로 많은 것이 남아 있고, 아직은 해볼 만하다는 것을 알게 될 것입니다.

## 10. 다른 사람을 섬기고 봉사하는 일에 헌신하십시오

나만 고통당하고 절망 가운데 있다며 자기 연민에 빠지면 우울증은 더욱 심해집니다. 각종 모임과 교회의 봉사활동에서 자신을 제외하는 것은 활활 타오르는 우울증과 영적 침체란 불에 기름을 들이붓는 것과 같습니다. 성도의 사명에 계속 헌신하십시오. 성도의 사명이란 사람을 섬기는 일입니다. 다른 사람에게 다가가고, 그들의 아픔에 공감하며, 아픈 이들을 따뜻하게 안아주세요. 사명은 사람이 계속 의미 있는 행동을 하게 만드는 에너지원입니다. 사명에 헌신하는 동료 그룹을 형성하고, 그들과 함께 움직이십시오. 혼자 있기보다 다른 사람들과 함께 지내도록 노력하십시오. 당신의 기분을 좋게 하는 영적 활동에 참여하는 일도 도움이 됩니다. 성경 공부 그룹에 들어가서 같이 하나님의 말씀을 배우십시오. 우울하고 영적으로 가라앉을수록 봉사활동이나 그룹 활동에 더욱 적극적으로 참여해야 합니다. 이런 과정을 통해 하나님은 우리를 우울증과 영적 침체의 늪에서 건져 주십니다.

기도

주님, 하나님 안에서 믿음으로 우울증을 다루게 해 주십시오. 그래서 더욱 성숙한 신앙인으로 자라게 해 주옵소서.

 요점 정리

1. 우울증은 마냥 나쁘지 않다. 우리는 우울증을 믿음 안에서 다루며 더 성숙한 신앙인으로 자라갈 수 있다.

2. 우울증을 이기는 10가지 법칙은 이렇다. ⑥상황을 있는 그대로 받아들이라. ⑦믿음의 언어를 사용하라. ⑧절대 포기하지 말고, 오늘을 감사하라. ⑨소망의 씨에 정열의 기름을 부으라. ⑩다른 사람을 섬기고 봉사하는 일에 헌신하라.

삶의 치유와 회복을 위한
HEALING TALK

# 힐링토크(HEALING TALK)

- 중생, 성결, 신유, 재림 -

2022년 11월 21일 1쇄 인쇄
2022년 11월 28일 1쇄 발행

발 행 처 │ 예수교대한성결교회 총회
발 행 인 │ 신현파
편 집 인 │ 이강춘
편    집 │ 도서출판 예수교대한성결교회 출판부
디 자 인 │ 청우
등록번호│  1974.2.1.  No.300-174-000002
보 급 처 │ 예수교대한성결교회 총회 교육국
전    화 │  070) 7132-0020-1

ISBN 978-89-94625-75-1 (13230)

Copyright@2022, 도서출판 예수교대한성결교회 출판부